Georg Kleinfeller

Der Gerichtsstand der Widerklage

in seiner geschichtlichen Entwicklung und Geltung nach der

Civilprocessordnung für das Deutsche Reich

Georg Kleinfeller

Der Gerichtsstand der Widerklage
in seiner geschichtlichen Entwicklung und Geltung nach der Civilprocessordnung für das Deutsche Reich

ISBN/EAN: 9783743673724

Hergestellt in Europa, USA, Kanada, Australien, Japan

Cover: Foto ©Suzi / pixelio.de

Weitere Bücher finden Sie auf **www.hansebooks.com**

Der

Gerichtsstand der Widerklage

in

seiner geschichtlichen Entwicklung

und

Geltung nach der Civilprocessordnung für das Deutsche Reich.

INAUGURAL-DISSERTATION

ZUR

ERLANGUNG DER DOCTORWÜRDE

IN DER JURISTISCHEN FACULTÄT DER LUDWIG-MAXIMILIANS-UNIVERSITÄT MÜNCHEN

VON

GEORG KLEINFELLER.

MÜNCHEN, 1882.
M. RIEGER'SCHE UNIVERSITÄTS-BUCHHANDLUNG.
(GUSTAV HIMMER.)

Inhalt.

	Seite
Einleitung	1
I. Geschichte des Gerichtsstandes der Widerklage:	
1) Das römische Recht	9
a) Zeit vor Justinian	9
b) Justinianisches Recht	12
2) Das kanonische Recht	20
3) Das germanische Recht im Mittelalter	25
4) Der Gerichtsstand der Widerklage in Deutschland seit der Reception	29
a) Vom 16. bis zum 19. Jahrhundert	29
b) Uebersicht der deutschen Gesetze und Entwürfe von 1850—1872	32
II. Der Gerichtsstand der Widerklage nach der Civilprocessordnung für das deutsche Reich:	
1) Voraussetzungen im Allgemeinen	42
2) Die einzelnen Voraussetzungen	48
a) Rechtshängigkeit einer Klage	48
b) Zusammenhang	49
c) Möglichkeit der Vereinbarung	57
d) Gleichheit der Processart	79
3) Geltendmachung des Gerichtsstandes	81
a) Personen	81
b) Zeit der Geltendmachung	89
Schlussbemerkung	91

Abkürzungen.

A. f. c. P. = Archiv für civilistische Praxis.
A. G. = Ausführungsgesetz.
Busch's Zeitschr. = Busch's Zeitschrift für deutschen Civilprocess.
C. P. O. = Civilprocessordnung für das deutsche Reich.
E. G. = Einführungsgesetz.
Grünhut's Zeitschr. = Grünhut's Zeitschrift für Privat- und öffentliches Recht der Gegenwart.
G. V. G. = Gerichtsverfassungsgesetz für das deutsche Reich.
H. = Hahn: Materialien zu den Reichsjustizgesetzen.
M. G. L. = Monumenta Germaniae Leges.
Prot. d. J. K. = Protokolle der Justizkommission des Reichstags.
Ssp. = Sachsenspiegel.

Die Kommentare von Bülow, Endemann, Enderlein, Gaupp, Hellmann, Kah, Keller (G. V. G), Kleiner, Pemsel, Petersen, Puchelt, Sarwey, Seuffert, Siebenhaar, Struckmann-Koch, Uebel, Wilmowski-Levy werden nur mit den Namen ihrer Verfasser citiert.

Einleitung.

Als Gerichtsstand der Widerklage hat jener Gerichtsstand zu gelten, welcher für eine Klage darum begründet ist, weil sie Widerklage ist. Für eine als Widerklage unzulässige Klage kann auch dieser Gerichtsstand nicht in Anspruch genommen werden; und wenn für die Widerklage bei dem Gericht der Klage ein Gerichtsstand aus einem andern Grunde besteht, so ist derselbe nicht als Gerichtsstand der Widerklage im technischen Sinne zu bezeichnen.[1]

Was ist nun Widerklage? Jene Definitionen[2], welche nicht hervorheben, dass die Widerklage während des über die Vor- oder Hauptklage anhängigen Verfahrens erhoben sein muss, um diesen Namen zu erhalten, sind zu weit; hierin ist die von Sartorius a. a. O. geübte Kritik im Rechte. Sartorius selbst aber nimmt zu viel in die Begriffsbestimmung auf, wenn er S. 5 sagt: „Wir nennen Widerklage diejenige Klage, welche einer bereits rechtshängigen Klage (Hauptklage, Vorklage, *conventio*) gegenüber im nämlichen Process und vor dem nämlichen Richter (*coram eodem iudice vel in eodem foro*) zum Behufe gleichzeitiger Verhandlung und Entscheidung vom Beklagten gegen den Kläger angestellt ist."[3] Die Fehlerquelle bildet vermuthlich eine alte, völlig unbe-

---

1) Dagegen fehlt Wetzell: System des ordentlichen Civilprocesses S. 843 s. hier Anm. 3.

2) Vgl. Sartorius: Die Lehre von der Widerklage S. 1—6, Hinschius in v. Holtzendorff's Rechtslexikon s. h. v. Hollmann I. S. 144. Endemann I. S. 280. Loening: Die Widerklage im Reichs-Civilprocess S. 2. 14.

3) Aehnlich Wetzell a. a. O. „— — — eine Klage, welche in foro reconventionis zu dem Zwecke angestellt wird, um gemeinsam mit der vom Kläger bereits anhängig gemachten Klage verhandelt zu werden." Nach dieser Definition müsste ausserdem entweder der mit dem Kläger in demselben Gerichtsbezirke wohnende Beklagte hier keine Widerklage erheben können, oder es müsste jeder Gerichtsstand, sofern er für eine Widerklage geltend gemacht wird, als forum reconventionis zu bezeichnen sein; keine dieser Alternativen ist annehmbar.

gründete Unterscheidung zwischen *reconventio perfecta* oder *propria* mit dem *effectus simultanei processus* und *reconventio impropria* ohne diesen Effekt, aber hinsichtlich des Gerichtsstandes mit derselben Wirkung wie erstere.[4] Eine Definition, die hierauf Bezug nimmt, betont nur eine mögliche Wirkung der Widerklage, welche dieselbe recht gut entbehren kann, ohne in ihrem Wesen beeinträchtigt zu werden; dass die Auffassung des römischen Rechts und des kanonischen vor Durantis eine andere war, kommt für den abstrakten Begriff nicht in Betracht. Vielmehr kann nur der Umstand für den Charakter einer Klage als **Widerklage** entscheidend sein, ob sie im Momente der Erhebung einer vor denselben Richter unter denselben Parteien bereits anhängigen Klage gegenübertritt.[5] Gerade dadurch wird die Klage zu Widerklage; sie kann diese ihre Eigenschaft nicht durch nachträglichen Wegfall der Hauptklage verlieren, obgleich nun über den Anspruch des Beklagten nicht mehr gleichzeitig mit dem des Klägers verhandelt werden kann. Nach jener Unterscheidung müsste so die Widerklage plötzlich eine uneigentliche geworden sein, weil sie der bezeichneten Wirkung entbehrt. In derselben Stellung aber, wie bei plötzlicher Isolierung durch Wegfall der Hauptklage, erscheint die Widerklage, wenn sie von vornherein zu gesondertem Process verwiesen wird. Um dieser Konsequenz auszuweichen, verlegte man den Schwerpunkt in das subjetive Moment, die Intention des Beklagten, obwohl von selbst klar ist, dass die Absicht, welche der Letzere bei Erhebung der Widerklage hat, derselben ebensowenig die gleichzeitige Verhandlung sichern kann, als sie überhaupt einem Anspruch, der sich im einzelnen Fall nicht zur Wiederklage eignet, diese Eigenschaft zu verleihen vermag.

---

4) Ueber diesen Unterschied vgl. Fuchs: Das Recht der Widerklage im A. f. c. P. Bd. 53 S. 150. 163. Hinschius a. a. O. Loening a. a. O. S. 3 ff.

5) So sagt Loening a. a. O. Anm. 1 a. E.: „Die Widerklage selbst existiert nur in dem Akte ihrer Erhebung und kann nur durch die Beschaffenheit dieses Aktes ihren rechtlichen Charakter erhalten, der dann durch nachfolgende Ereignisse nicht mehr geändert wird." — Dieses „sich Gegenübertreten" zweier Klagen bestimmt auch das Wesen der deutschrechtlichen Widerklage im Mittelalter, deren Begriff im Uebrigen zufolge eigentümlicher Verhältnisse Abnormitäten aufweist, welche Veranlassung sind, sie hier noch nicht näher in's Auge zu fassen.

Neuerdings sucht Loening a. a. O. Anm. 2 das die eigentliche und uneigentliche Widerklage des ehemals gemeinen Rechts unterscheidende Merkmal darin, dass erstere „innerhalb der Verhandlung des Vorprocesses" und zwar „mit der Einlassung des Beklagten auf die Vorklage," letztere ausserhalb der Verhandlung des Vorprocesses erhoben werden musste. Loening bestreitet dabei nicht, dass die sogenannte uneigentliche Widerklage auch mit einem späteren Processakte als der Vernehmlassung — also doch innerhalb der Verhandlung des Vorprocesses — verbunden werden könne; aber eine solche Verbindung finde nur zu Unrecht statt und müsse daher vom Richter durch Verweisung der Widerklage *ad separatum* alsbald von Amtswegen wieder gelöst werden: dies sei „eigentlich eine Abweisung angebrachter Maassen." Das Letztere kann nicht zugegeben werden; die Abweisung angebrachter Maassen würde zum weiteren Betrieb der Widerklagesache neue Klagestellung notwendig machen; insbesondere würde bei Richtigkeit des fraglichen Satzes die spätere vorübergehende Verbindung nicht den Gerichtsstand der Widerklage sichern. Die beiden von Loening benützten Citate[6] sind nicht beweisend. Insbesondere die angezogene Stelle der Reichskammergerichtsordnung, in welcher zweifellos das damals als gemeines geltende Recht zum Ausdruck gekommen ist, sagt, dass Klage und Gegenklage auf zwei Verfahren verteilt werden, ohne die innerhalb des Vorprocesses erhobene Gegenklage als zu Unrecht verbunden d. h. als im Vorprocess zu Unrecht und deshalb ungiltig erhoben darzustellen. Auch Bartolus versteht nachdem, was er vorausschickt unter *procedere secundum naturam simplicis conventionis* offenbar nur das *simul tractari cum causa, quam intentat actor,* nicht ein Erheben der Gegenklage nach Art der

---

6) Bartolus ad Nov. 96 c. 2 No. 8: „Aut reus vult, quod causa reconventionis simul tractetur et tunc unietur cum causa principali, et talis reconventio potest fieri usquo ad litem contestatam. Aut reus vult procedere secundum naturam conventionis et non curat, quod simul tractetur cum causa, quam intentat actor, sed procedat secundum naturam simplicis conventionis, et tunc potest usque ad causae conclusionem. K. G. O. von 1555 III, 30: „So aber solch gegenklag hernach und doch vor beschluss der sachen fürbracht würde, alsdann sollen beide sachen der klag und gegenklag verteilt, unterschiedlich und ein jede für sich selbst allein gehandelt werden.

einfachen Klage ausserhalb eines schon anhängigen Processes. Trotz dem ist Loening darin beizustimmen, dass Widerklage auch ausserhalb des Verfahrens über die Klage, wenn nur während desselben, mit der Wirkung, den besonderen Gerichtsstand zu begründen, erhoben werden konnte. Das Gegenteil wäre inkonsequent, nachdem die wirksame Geltendmachung des Gerichtsstandes der Widerklage nicht davon abhängig ist, dass für die Widerklage im Vorprocesse Existenzmöglichkeit bestehe; denn die nach vollzogener Litiskontestation im Vorprocesse erhobene Widerklage geht gewissermassen nur durch diesen hindurch, ohne fähig zu sein, hier festen Fuss zu fassen.

Wenn nun die Widerklage nach vollzogener Litiskontestation während des Vorprocesses sowohl in als ausserhalb desselben zu Recht erhoben werden konnte, so darf die Begriffsbestimmung der uneigentlichen Widerklage nicht darauf gestellt werden, dass sie *de iure* zwar während, aber ausserhalb, des Vorprocesses habe angebracht werden müssen. Dieser Umstand kann also auch nicht als Unterscheidungsgrund benützt werden.

Selbstverständlich ist ferner nothwendig, dass der Widerklage eine „rechtsgiltig erhobene" Klage vorausging; die nicht rechtsgiltig erhobene Klage ist keine Klage. Es braucht diese Voraussetzung also nicht in die Begriffsbestimmung aufgenommen zu werden, wie bei Hellmann a. a. O. geschieht. Demnach wird es richtig sein, wenn man Widerklage definiert als die **während des Verfahrens über eine Klage und vor demselben Richter wie diese erhobene Klage des hier Beklagten gegen den Kläger.**[7]

Gerichtsstand bezeichnet zunächst etwas Räumliches; durch den Gerichtsstand ist der Gerichtsort einer Person bestimmt, d. h. sie hat bei diesem Gerichte einen Platz, den sie einnehmen muss, wenn sie sich gegen einen vor Gericht geltend gemachten Anspruch verteidigen will oder soll, von welchem Platz sie aber auch nicht zu weichen braucht, wenn sie vor einem andern Gericht angegriffen wird, bei dem sie im einzelnen Fall keinen

---

7) Diese Begriffsbestimmung entspricht auch der Widerklage, wie sie in der C. P. O. geregelt ist. Loening a. a. O. S. 6—9.

Gerichtsstand hat. Dieser Begriff bedeutet deshalb ferner eine Beziehung der Person zu ihrem räumlich bestimmten Gericht. Die Beziehung, welche sowohl eine Pflicht, wie ein Recht umfasst, kann je nach der Konstruction des Processes mehr oder weniger ausgedehnt sein. In einem Processsystem, welches, wie das römisch-kanonische, dem Beklagten die Einlassung auf die Klage zur Pflicht macht, deren Vernachlässigung auf Antrag Bann und Acht nach sich zieht, weil Erfüllung der Pflicht zur formellen Streitbegründung als Voraussetzung des weiteren Processes notwendig ist, wird diese Einlassungs- oder Defensionspflicht mit den Gegenstand der Gerichtsstandspflicht bilden,[8] in welcher aber vor Allem die Pflicht, sich dem Urteil des zuständigen Richters zu unterwerfen, enthalten ist. Seiner zweifachen Verpflichtung entsprechend hat dann der Beklagte ein Recht darauf, sich vor dem zuständigen Richter verteidigen zu können und von ihm ein Urteil über den klägerischerseits behaupteten Anspruch zu erlangen. Bisher wurde in der Doktrin allgemein die Fortdauer des Grundsatzes der Einlassungspflicht angenommen;[9] es kann auch nicht anders gedeutet werden, wenn von Ungehorsam der Partei während des Verfahrens, vor dem Urtheil gesprochen wird.[10] Damit halten freilich die Definitionen des Begriffes „Gerichtsstand" nicht immer gleichen Schritt. Wetzell a. a. O. S. 475 identificiert Gerichtsstand mit „Unterordnung der Parteien;" Struckmann-Koch erläutern zu § 12 C.P.O.: der Gerichtsstand des Beklagten sei da, wo er „Recht nehmen" müsse; ähnlich Hinschius a. a. O. s. h. v. Diese Definitionen sind, wenn sie der seitherigen Lehre von Einlassungspflicht und Ungehorsam entsprechen sollen, zu unbestimmt; sollen sie aber nicht mehr sagen, als ihre Worte bedeuten, so sind sie jener Theorie gegenüber zu eng.

---

8) Vgl. Wach: Das Princip des gewillkürten Gerichtsstandes im A. f. c. P. Bd. 62. S. 373: „Durch die Kompetenzordnung wird die Defensionspflicht lokalisiert."
9) Vgl. Wach: Defensionspflicht und Klagerecht in Grünhuts Zeitschr. VI. S. 515 ff. S. 593 ff.: „Verpflichtung zur Konstituierung des indicium" (S. 520 ff.). Wach: Der gewillkürte Gerichtsstand in: Rassow und Küntzels Beiträge zur Erläuterung des deutschen Rechts. Bd. 24. S. 711 Anm. 14.
10) Vgl. Wetzell System: S. 604. 609 ff.; Wieding in v. Holtzendorffs Rechtslexikon s. v. Ungehorsamsverfahren; Struckmann-Koch S. 255.

Neuerdings hat Bülow[11] die Fortdauer der processualischen Handlungspflicht[12] bestritten, indem er an Stelle der bisherigen Theorie den mit grosser Ueberzeugungskraft entwickelten Gedanken setzt, dass es seit dem Verschwinden der Litiskontestation als notwendig formell zweiseitigen Aktes statt der Einlassungspflicht nur ein Recht zur Einlassung gebe (S. 22. 74). Um deswillen braucht natürlich auf den Begriff der Gerichtsstandspflicht nicht verzichtet zu werden. Dieselbe wird aber mit Rücksicht auf die Bülow'sche Theorie zu beschränken sein auf die Pflicht der Partei zur Unterwerfung unter das Urteil des zuständigen Richters. Die Erfüllung dieser Pflicht wird eventuell erzwungen durch Exekution; eine im Exekutionsstadium wirkende processualische Handlungspflicht erkennt auch Bülow an.

Das Recht auf den Gerichtsstand und die Gerichtsstandspflicht bilden die Beziehung der Person zum Gerichtsorte. Das Recht wirkt am stärksten, wenn der Beklagte im konkreten Falle nur einen Gerichtsstand hat, sei es der allgemeine oder ein ausschliesslicher; es wird in seiner Wirkung bedeutend abgeschwächt, wenn für eine Klage mehrere konkurrierende Gerichtsstände gegeben sind, und tritt endlich gegen die Pflicht ganz zurück, wenn der Kläger im Gerichtsstande des Beklagten klagt und somit gemäss dem Ansprüche desselben auf seinen Gerichtsstand handelt: der Beklagte ist dann verpflichtet den vom Kläger angerufenen zuständigen Richter als „seinen Richter" anzuerkennen; er kann nicht verlangen, dass bei einem andern konkurrierenden Gerichte Klage gestellt werde.[13] Die Gerichtsstandspflicht ist also dasjenige Moment, welches am meisten zur Bethätigung kommt, während das Recht höchstens latente Wirksamkeit entfaltet. Bei dem Gerichtsstand

---

11) A. f. c. P. Bd. 62: „Processualische Fiktionen und Wahrheiten"; daselbst Bd. 64: „Dispositives Civilprocessrecht" insbes. Anm. 4 u. 48. Die Unterlassung einer eingehenden Würdigung des durch Bülow angeregten Streites wird mit Rücksicht auf den eigentlichen Gegenstand dieser Abhandlung entschuldigt werden. An Bülow schliesst sich auch an Schwalbach: Die Processvoraussetzungen im Reichs-Civilprocess, A. f. c. P. Bd. 63 S. 394 ff.

12) Als „Handlungspflicht" stellt sich auch die von Wach definierte Defensionspflicht (Anm. 9.) heraus.

13) Eine Ausnahme hievon im Justinianischen Recht s. unten Anm. 42.

der Widerklage aber ist die Pflicht sogar die ausschliessliche Beziehung der demselben unterworfenen Person zum Gerichtsorte, denn kann schon der Kläger niemals fordern, dass der Beklagte einen zur Widerklage geeigneten Anspruch auch widerklageweise verfolge, so kann er noch weniger ein Recht auf diesen Gerichtsstand behaupten. Derselbe bildet eine Ausnahme von der Regel *actor forum rei sequitur,* er ist deren umgekehrte Anwendung und darum ein **Privileg** des Widerklägers und ein **ausserordentlicher**[14] Gerichtsstand.

Man hat diesen Gerichtsstand früher als Analogon des gewillkürten Gerichtsstandes aufgefasst, als ob durch die gesetzliche Zulassung des Gerichtsstandes der Widerklage fingiert werde, dass der Kläger mit Erhebung der Klage den Prorogationswillen für allenfallsige Widerklagen bekunde. Dies ist als Irrtum längt erkannt.[15]

Die Gerichtsstandspflicht des Unterthanen als Pflicht zur Unterwerfung unter das Urteil eines nach allgemeinen Normen zuständigen Richters besteht auch gegenüber dem mit der Strafklage geltend gemachten strafrechtlichen Ansprüche des Staates. Die Frage nach der Zulässigkeit einer Widerklage im Strafprocess ist von Planck: „Mehrheit der Rechtsstreitigkeiten im Processrecht" einer gründlichen historischen Untersuchung unterworfen und verneint worden. (S. 96. 373. 374.), ein Resultat, welches auch gegenwärtig noch einwandfrei erscheint. Von einem Gerichtsstande der Widerklage in Strafsachen kann sohin für das frühere Recht keine Rede sein.

Die Strafprocessordnung für das deutsche Reich aber lässt in § 428 eine Widerklage unter gewissen Voraussetzungen zu und zwar ohne Rücksicht auf die örtliche Zuständigkeit des Gerichtes der anhängigen Strafsache. Die Voraussetzungen sind:

1) formell: nur in 1. Instanz und nur im Privatklageverfahren kann Widerklage erhoben werden; nicht nur die Klage, sondern auch die Widerklage muss hienach Privatklage sein;

---

14) Vgl. l. 2 C. de iurisd. omn. iud. 3, 13: iuris ordinem converti postulas, ut non actor rei forum, sed reus actoris sequatur; dagegen Sartorius a. a. O. S. 216.
15) Sartorius S. 223. Planck Mehrheit: S. 353 Anm. 35; Loening a. a. O. S. 62.

2) materiell: Gegenstand der Widerklage kann nur ein Antragsdelikt nach § 198 oder 232 des Reichsstrafgesetzbuchs sein.

Sind diese Bedingungen erfüllt, so kann der Privatkläger dem Gerichtsstande der Widerklage in Strafsachen unterworfen werden.[16]

Bei dem sehr beschränkten Anwendungsgebiete der Widerklage in Strafsachen und der noch selteneren Notwendigkeit, den besonderen Gerichtsstand hiefür geltend zu machen — abgesehen von Beleidigungen durch die Presse wird meistens derselbe Ort zugleich Ort des Wohnsitzes, sehr häufig auch der begangenen That für beide Parteien sein — erweist sich diese Neuerung als eine in die sonstige Kompetenzordnung nur wenig eingreifende.

So kann der Gerichtsstand der Widerklage auch heute noch als ein speciell für die Zwecke des Civilprocesses bestimmtes Rechtsinstitut bezeichnet werden, wesshalb von einer näheren Betrachtung des gleichnamigen Gerichtsstandes für Strafsachen hier Umgang genommen wird.[17]

---

16) Vgl. Löwe: Kommentar zur St. P. O. §. 428 Anm. 3.
17) Vgl. noch die Schlussbemerkung.

I. Geschichte des Gerichtsstandes der Widerklage.

1. Das römische Recht.

a) Zeit vor Justinian.

Die heutige Wissenschaft [18] stellt mit Bestimmtheit den Satz auf, dass das römische Recht vor Justinian einen Gerichtsstand der Widerklage [19] nicht gekannt habe und ist zugleich bemüht, diejenigen Stellen sowohl der Digesten als des Codex, welche zu einer abweichenden Ansicht verführen könnten, (zum Teil auch früher diesen Erfolg gehabt haben), in entsprechender Weise zu erklären.

Die Existenz dieses Gerichtsstandes setzt die Zulässigkeit der Widerklage selbst voraus. Dieselbe kann für den Legisaktionenprozess aus den hierüber vorhandenen Nachrichten mit Gewissheit weder bejaht noch verneint [20] werden. Die Unzulässigkeit der Einreden, welche Sartorius als Argument für die Verneinung anführt, ist nicht nur unerwiesen, sondern vernünftigerweise auch undenkbar, denn die Einreden ausschliessen heisst den Beklagten geradezu der wichtigsten Verteidigungsmittel berauben; damals war nur der Begriff der Exceptionen, wie er durch den Formularprocess ausgebildet wurde, noch nicht bekannt. Ebenso ist nicht einzusehen, warum das *ad eundem iudicem mitti* hier weniger möglich gewesen sein soll als im Formularprocess.

---

18) Vgl. Wetzell: System § 41 Anm. 69 und die daselbst sowie in der dort vorhergehenden Anm. citierten Schriften.

19) In der Doktrin forum reconventionis genannt. Die Quellen des Justinianischen und früheren Rechts haben keinen den Begriff „Widerklage" in ein Wort zusammenfassenden Ausdruck; sie sagen mutua petitio; erst das kanonische Recht kennt das Wort reconventio. Ueber Terminologie vgl. Lauk im A. f. c. P. Bd. 12. Fuchs daselbst Bd. 53 S. 149. Ulrichs: Fori reconventionis origines et doctrina S. 3.

20) So Sartorius a. a. O. S. 12.

Für diese spätere Zeit ist die Zulässigkeit der Widerklage durch eine grosse Anzahl von Fragmenten [21] beglaubigt, von welchen einzelne sogar eine Anerkennung des Gerichtsstandes der Widerklage zu enthalten scheinen; eine aufmerksame Betrachtung aber zerstört den Schein. Es sind zu dem Zwecke folgende Fragmente zu prüfen, von denen nur die an letzter Stelle zu erwähnende Konstitution der Zeit nach dem Formularprocesse angehört.

a) l. 2 § 5 D. de iud. wird zweifellos richtig durch ihre Beziehung auf das *ius revocandi domum* erklärt.[22] Die mit diesem Privileg ausgestatteten Personen (*l. 2 § 3 D. eod.*) konnten in Rom Gerichtstand haben, entweder in ihrer Eigenschaft als römische Bürger (*forum originis*),[23] oder weil sie dort einen Vertrag abgeschlossen oder zu erfüllen hatten (*forum contractus, solutionis*).[24] Voraussetzung der Geltendmachung jedes Gerichtsstandes war aber die Anwesenheit des Schuldners oder schuldnerischen Vermögens im Gerichtsbezirke. Sollte jedoch eine der bezeichneten Personen in Rom belangt werden, so wurde die Anwesenheit als nicht vorhanden fingirt;[25] sie konnte sich auf ihren heimatlichen Gerichtsstand berufen, ausser, wenn sie erst während ihrer Anwesenheit in der das Privileg verleihenden Eigenschaft den fraglichen Vertrag in Rom geschlossen[26] oder selbst dort geklagt hat; dies ist unser Fall.[27] Die Widerklage bewirkte nicht erst die Zuständigkeit, sondern setzte dieselbe voraus.

---

21) l. 11 § 1 D. de iurisd. l. un. D. si quis ius dic. fr. Vat. 330. 335. l. 33 § 3. l. 35 pr. l. 43 § 2 D. de proc. l. 2 § 5. l. 22 D. de iud. l. 40 § 1 D. de cond. iud. l. 23 D. dep. l. 38 pr. D. mand. l. 3. § 4 D. de impens. l. 1 § 8 l. 2 D. de contr. tut. l. 9 § 2 D. de damn. inf. l. 3 § 6 D. uti poss. l. 22 § 2 D. quod vi aut clam l. 15 D. de exc. r. i. l. 1 § 4 De quae sent. l. 1 § 15 D. de extr. cogn. l. 5. 6 C. de comp. l. 1 C. rer. amot. l. 5 C. de fruct. et lit. expens.
22) Vgl. Francke: Kommentar üb. d. Pandektentitel de Her. Pet. S. 16. Sartorius a. a. O. S. 23. Ulrichs a. a. O. S. 11 u. 12.
23) l. 29 D. ad municipalem.
24) l 1 D. de eo quod certo loco l. 19 § 1. 2 D. de iud.
25) Vgl. Puchta: Institutionen § 152 S. 432. 433.
26) l. 2 §. 3. 4 D. de iud.
27) Fuchs a. a. O. S. 152 weist nach, dass man diese Stelle und l. 22 eod. nicht auf das i. r. d. der Legaten, sondern der ihnen gleichgestellten Personen zu beziehen ist; l. 8 § 2 D. de legat. darf jedoch hiefür nicht angezogen werden, da negotia auch Handelsgeschäfte bedeuten kann, deren Untersagung denkbar ist.

β) In *l. 22 D. de iud.* scheint Savigny: System des h. römischen Rechts VI § 289 Anm. e den Gerichtsstand der Widerklage sanktionirt zu finden; die Stelle ist jedoch übereinstimmend mit den oben Anm. 22 citirten Schriftstellern ebenfalls durch das *ius revocandi domum* zu erklären.

γ) *l. 1 § 15 D. de extraordinariis cognitionibus* enthält wie *l. 5 C. de compensationibus* nur den Satz, dass auch im ausserordentlichen Verfahren Widerklagen zulässig seien, ohne jeglichen Hinweis auf eine stattfindende Erweiterung der örtlichen Kompetenz."[28]

δ) Gegenstand der *l. 11 § 1 D. de iurisdictione* ist nur die sachliche Zuständigkeit; diese Stelle, welche sehr verschiedene Erklärungsversuche [29] hervorgerufen hat, wird später erörtert werden.

ε) Ebensowenig handeln *fr. Vat. 330. 335. l. 33 § 3 — l. 35 pr. D. de procuratoribus* vom Gerichtsstande der Widerklage, sondern von der Defensionspflicht des Processbevollmächtigten, der in der Klägerrolle aufgetreten ist, und gegen dessen Mandanten Widerklage erhoben wird.[30]

ζ) Zu *l. 5 C. de fructibus et litis expensis*, einer Konstitution des Kaisers Zeno, sind folgende drei Erklärungen gegeben worden:

aa) Sartorius S. 59. 69—72 behauptet, Kaiser Zeno setze den Gerichtsstand der Widerklage als etwas bekanntes voraus, dieser Gerichtsstand sei also wahrscheinlich „durch Uebung aus der billigen Praxis als Autochthon hervorgewachsen", eine Hypothese, mit welcher angesichts der unzweideutigen Ausdrucksweise Justinian's in *l. 14 C. de sent. et interloc.* Nichts gedient ist, zumal, da selbst die behauptete Wahrscheinlichkeit jeder Stütze entbehrt.

bb) Ulrichs S. 14 glaubt, dass die Worte, welche auf den Gerichtsstand der Widerklage bezogen werden können, späterer Zusatz seien, Zeno aber den Gerichtsstand noch nicht gekannt habe; die letztere Annahme lässt sich auch allein mit dem Inhalt der *l. 14 C. cit.* vereinigen. Veränderungen des Textes sind jedoch so lange zu vermeiden, als derselbe auch ohne diese noch in einer befrie-

---

28) Vgl. Sartorius a. a. O. § 7 A. M. Savigny a. a. O.
29) Hierüber s. Planck Mehrheit S. 72—78.
30) Planck a. a. O. S. 82 Anm. 4.

digenden und mit dem übrigen Inhalte des Gesetzbuches harmonierenden Weise erklärt werden kann.

cc) Auf Grund des unveränderten Textes hat Plank a. a. O. S. 83 folgende Erklärung gegeben, welcher man unbedingt zustimmen darf: es komme dem Kaiser nur auf die Möglichkeit einer Verurteilung des Klägers in die Kosten an; er wolle sie gegen alle möglichen Einwendungen sichern, wofür auch das Folgende der Stelle spreche; wie es aber gekommen sei, dass sich der Kläger auf die Gegenklage eingelassen habe, darüber äussere sich der Kaiser nicht; es könne also auch freiwillig geschehen sein; der Satz $\mu\eta$ $\delta\upsilon\nu\acute{\alpha}\mu\epsilon\nu o\varsigma$ u. s. w. sage nur, dass die vollzogene Prorogation nicht zurückgenommen werden könne. Diese Erklärung hat nahezu Gewissheit für sich, jedenfalls ist Nichts dagegen anzuführen.

Die Prüfung des vorjustinianischen Processrechts ergiebt also, dass in der fraglichen Zeit der Gerichtsstand der Widerklage nirgends anerkannt ist.[31]

b) Justinianisches Recht.

Die bezüglichen neuen Rechtssätze Justinians sind in der *l. 14 C. de cententiis et interloctionibus 32* und in *Nov. 96 c. 1* enthalten.

Die Worte der *l. 14 C. cit.* lassen keinen Zweifel darüber aufkommen, dass Justinian hier etwas Neues einzuführen beabsichtigte. Die Erwähnung früheren Rechts im Gesetz eines römischen Kaisers hat ausserhalb der Institutionen nur die Bedeutung, den übrigen Inhalt als neu hervorzuheben;[33] dies beweisen für unsere Stelle noch besonders die Worte: *„huiusmodi sententiam non solum roborandam sed etiam augendam esse, sancimus"*, welche den Uebergang von der historischen Einleitung zu dem eigentlichen Gegenstand der Konstitution bilden. Der Kern der Stelle liegt in:

nulla ei opponenda exceptione, quod non competens iudex agentis esse cognoscatur,

---

31) Vgl. Fuchs a. a. O. S. 154. Anders natürlich Sartorius; ebenso Goldschmidt: Abhandlungen aus dem deutschen Civilprocess S. 21.

32) Ueber und gegen die Ansicht, dass dieses Gesetz sich auf die Kompensation beziehe s. Sartorius S. 45 ff.

33) So geschieht es auch in l. 3 C. ubi in rem actio.

woraus zugleich erhellt, dass blos eine Erweiterung der örtlichen nicht auch der sachlichen Zuständigkeit gewollt sei.[34]

Bestritten ist, ob der Gerichtsstand nur in demselben Umfang anerkannt wurde, wie vordem die Widerklage d. h. lediglich für Ansprüche *ex eadem causa,* oder ob der Beklagte nun auch Widerklagen *ex dispari causa* anbringen konnte. Sartorius S. 322. 323. behauptet nemlich, seitdem Mark Aurel die Kompensationseinrede gegenüber *actiones stricti iudicii* zugelassen habe,[35] sei die Widerklage in derselben Ausdehnung statthaft, *eadem causa* nicht mehr Voraussetzung ihrer Zulässigkeit. Dann aber wäre es sinnlos, die Erhebung einer Widerklage *ex eadem causa* auch vor dem örtlich an sich nicht zuständigen Richter zuzulassen, sie dagegen auszuschliessen, wenn der ihr zu Grunde liegende Anspruch *ex dispari causa* entsprungen sei. Allein abgesehen davon, dass einer Vorschrift gegenüber, welche für die sicherlich besondere Berücksichtigung verdienenden zusammenhängenden Streitsachen günstigere Bedingungen aufstellte, der Vorwurf der Sinnlosigkeit nicht gerechtfertigt wäre, so kann jedenfalls von der Zulässigkeit der Kompensationseinrede kein Schluss auf die Statthaftigkeit der Widerklage gezogen werden, denn beide Handlungen verfolgen verschiedene Zwecke. Die Kompensation soll nur verhindern, dass der Kläger etwas erhalte, was er sofort wieder zurückerstatten müsste; die Widerklage hingegen zielt auf Vereinigung von zwei Processen in einen, dessen Resultat viel weiter gehen kann als dort, indem das auf die Widerklage zu erlassende Urteil dem Kläger (Widerbeklagten) eine Leistung an den Beklagten (Widerkläger) aufzuerlegen vermag, ohne Rücksicht darauf, ob auch dieser eine Schuld zu tilgen hat oder nicht. Hienach ist klar, dass Erwägungen, welche für die Erweiterung der Kompensationsmöglichkeit sprechen, nicht die gleiche Kraft bezüglich der Widerklage haben müssen, dass also ein Schluss von jener auf diese, der nicht durch andere Momente unterstützt ist, keinen Wert hat. Mit dem Wegfall der von Sartorius gemachten Voraussetzung aber fällt auch die Möglichkeit weg, von diesem

---

34) Lauk a. a. O. S. 76. Sartorius S. 241. Planck Mehrheit S. 85. Ulrichs a. a. O. S. 16.
35) § 30 J. de actionibus.

Standpunkte aus der *l. 14 C. cit.* die gedachte Ausdehnung beizumessen.

Am meisten spricht der Wortlaut des Gesetzes selbst für die Meinung, dass hier der Gerichtsstand der Widerklage nur mit der gedachten Beschränkung zugelassen worden sei.[36] Die Wahl des Ausdrucks *in eodem negotio* statt des den früheren Juristen geläufigen *ex eadem causa*[37] wird zwar als Anfechtungsgrund[38] benützt, giebt jedoch um so weniger zu Bedenken Anlass, als vielmehr die letztere Form hier geradezu sprachwidrig wäre.[39] Die angeführten Quellenzeugnisse beweisen, dass der Ausdruck *ex eadem causa* (Anm. 37) Handlungen der am Rechtsgeschäft beteiligten Personen nicht aber die Beziehung des Richters als Richters (Anm. 36) zu einem streitigen Rechtsgeschäft betrifft; dort sagte man „*ex*" hier „*in*". Nachdem einmal von jener Formel, weil sonst in anderem Zusammenhang benützt, teilweise abzuweichen war, ist schwer einzusehen, warum nicht überhaupt eine ganz andere Bezeichnung hätte gewählt werden dürfen, zumal da *causa* in dem Sinne eines die beiden Streitsachen umschliessenden Rechtsverhältnisse, oder auch als gemeinsamer Rechtsgrund aufgefasst, eine Ungenauigkeit enthält, während *negotium* das Rechtsgeschäft bedeutet, aus dem das zweifache Rechtsverhältnis der Kontrahenten erwächst, worauf dieselben Klage und Widerklage stützen. Durch den Mietvertrag z. B. gelangt der eine Kontrahent in das Rechtsverhältnis des Vermieters (zum Mieter), der andere in das hievon verschiedene

---

36) Planck Mehrheit S. 85. 86. Ulrichs a. a. O. S. 15. 16. Francke a. a. O. S. 17. Fuchs a. a. O. S. 156. Savigny System VI. S. 334. 336 nimmt an, dass die fragliche Voraussetzung für die Widerklage nach Absterben des Formularprocesses mit ihrer Notwendigkeit aufgehört habe zu existieren, nur seien Widerklagen ex dispari causa nicht simultaneo processu verhandelt worden, jedoch unbeschadet der Wirkung der l. 1 § 4 D. quae sent. sine app.

37) Gaius IV. 61; § 39 J. de act.: ex eadem causa praestare. — Paulli rec. sent. II, 5 § 3: compensatio ex causa dispari.

38) Vgl. Lauk a. a. O. S. 67. Hefften üb. d. Gerichtsstand der gelegenen Sache u. s. w. im A. f. c. P. Bd. 10 S. 211, Sartorius S. 322. 323, welche das Wort negotium auf das Verfahren beziehen übereinstimmend mit gl. ad h. l.: idem negotium dici, quia idem actor, reus et iudex, vielleicht sogar hiedurch veranlasst.

39) Vgl. tit. C: Ne quis in sua causa iudicet vel ius sibi dicat III, 5.

des Mieter (zum Vermieter); aus dem ersteren Rechtsverhältnis entspringt für den Vermieter als Berechtigten die a^o *locati*, aus dem letzteren für den Mieter die a^o *conducti;* wenn man sagt, beide entspringen aus dem Miethverhältnisse,[40] so verwechselt man dieses mit dem Mietvertrag. Der Richter, welcher über die hieraus entstandenen streitigen activen und passiven Beziehungen beider Teile entscheiden soll, ist Richter in Sachen des Rechtsgeschäfts, auf welches die mehreren streitigen Rechtsverhältnisse zurückgeführt werden. „Rechtsgeschäft" aber wird nicht nur üblicher, sondern auch passender, als durch *causa*, mit dem von Justinian gebrauchten Worte „*negotium*", bezeichnet; letzteres hat den Sinn wirklich, welchen *causa* haben soll und haben kann, aber nicht so prägnant zum Ausdrucke bringt. Diese Bedeutung von *negotium* erlaubt auch in dem „*e contrario*" einen Hinweis darauf zu finden, dass Justinian Obligationen aus demselben Rechtsgeschäft zur Voraussetzung für die Zulässigkeit der Widerklage macht.

Nov. 96 c. 2[41] enthält für den Gerichtsstand der Widerklage indirekt wichtige Bestimmungen. Zunächst ist nemlich gesagt, dass der Beklagte nur vor der Litiskontestation d. h. innerhalb 20 Tagen nach Empfang der Klagschrift Widerklage erheben könne, ferner, dass er überhaupt während der Dauer des anhängigen Rechtsstreites wegen seiner Ansprüche an den Kläger auch vor keinem andern Richter klagen dürfe, beides unter der ganz allgemeinen Bedingung: wenn er von dem, der gegen ihn Klage gestellt hat, Rechenschaft fordern zu können glaubt. Daraus folgt:

α) Es wird nicht mehr *eadem causa, idem negotium* für Klage und Widerklage gefordert;

β) der Gerichtsstand kann nach vollzogener Litiskontestation nicht mehr geltend gemacht werden;

γ) er ist in gewissem Sinne ein ausschliesslicher, eben nur für die Dauer des Processes, besser gesagt vom Zeitpunkt der Klage-

---

40) Der Ausdruck „Mietverhältnis," nach der Regel a potiori fit denominatio gewählt, versinnlicht nur die innere Verwandtschaft der beiden aus dem Mietvertrage hervorgegangenen Rechtsverhältnisse.

41) Diese ist die Quelle der authentica et consequenter zu l. 14 C. cit. Ueber das folgende vgl. Sartorius S. 74. 76. Planck Mehrheit S. 86. Ulrichs a. a. O. zu Nov. 96 u. S. 46.

stellung bis zu dem der vollzogenen Litiskontestation, denn von da bis zur Erledigung des Processes kann der Kläger von dem Beklagten gar nicht belangt werden; gegenüber diesem ruht seine Gerichtsstandspflicht gänzlich, soweit sie nicht rechtzeitig mit Widerklage geltend gemacht wurde; dadurch ist

δ) bewirkt, dass der Kläger mit Erhebung der Klage ein Recht[42] auf diesen Gerichtsstand erlangt.

Francke a. a. O. S. 16 und 17 behauptet, *Nov. 96* wende nur den alten Satz, dass über *mutuae petitiones*, örtliche Kompetenz vorausgesetzt, derselbe *index* zu entscheiden habe, auf die neue Gerichtsverfassung (*Nov. 82*) an. Allein das Hin- und Herziehen von einem Richter zum andern, die beide in derselben Stadt, vielleicht sogar in demselben Gebäude, Recht sprechen, wäre doch Nichts so ausserordentliches und den Streit in's Unendliche verlängerndes, wie es Justinian darstellt.

Der Umfang des Gerichtsstandes der Widerklage ist mittelbar bestimmt durch den Umfang, in welchem die Widerklage selbst zulässig ist. Die im älteren Rechte geltende Beschränkung ist, wie erwähnt durch *Nov. 96* aufgehoben worden. Eine andere Schranke konnte die Widerklage in der sachlichen Zuständigkeit der Gerichte finden. Bekanntlich waren die Municipalmagistrate nur für Streitsachen kompetent, deren Wert eine bestimmte uns unbekannte Summe nicht überstieg.[43] Jeder Bürger eines Municipiums hatte hienach je einen allgemeinen Gerichtsstand für minderwertige Sachen bei der Municipalbehörde als Untergericht und für höherwertige Ansprüche bei dem *praeses* seiner Provinz. Es entsteht nun die Frage: War vor den Untergerichten eine Widerklage zulässig, deren Gegenstand jene Wertgrenze überschritt? Dies ist der Mittelpunkt des durch *l. 11 § 1 D. de iurisdictione* hervorgerufenen Streites.

---

42) Vgl. die Einleitung, wonach ein Recht auf den Gerichtsstand der Widerklage etwas Unregelmässiges ist, weil er nur in Konkurrenz mit andern Gerichtsständen vorzukommen pflegt.

43) Ein Gleiches galt für die Zuständigkeit der Municipalmagistrate in Sachen nicht streitiger Rechtspflege; bezüglich der Ernennung von Tutoren wurden sie nemlich durch Justinian auf Mündelvermögen bis zu 500 sol. beschränkt, vgl. §. 4. 5. J. de Atil. tut. Puchta Instit. II. § 298ʷ. Möglicherweise war diese Grenze der Kompetenzbestimmung für streitige Rechtspflege entlehnt.

Zunächst ist hier Planck in der Kritik der von ihm (Mehrheit S. 72—76) gemissbilligten Erklärungsversuche beizustimmen. Plancks eigener Vorschlag (S. 76. 77. l. c.) bezüglich der Auslegung von *l. 11 § 1 cit.* geht dahin: *Gaius* nehme bei seiner Entscheidung die Annahme zum Ausgangspunkt, dass, wer aus einem zweiseitigen Vertragsverhältnisse Klage erhebe, damit zu erkennen gebe, es sei ihm der über die Klage urteilende Richter auch zur Untersuchung eines etwaigen Widerklageanspruches genehm; der Kläger provoziere so durch eine stillschweigende Willenserklärung die Zuständigkeit des Magistrats für eine Streitsache, welche ihrem Werte nach die regelmässige Kompetenz desselben übersteige. *Calumnia* wäre es, wollte er sich gegen die Unterstellung einer solchen stillschweigenden Willenserklärung wehren. Man darf sich dieser Erklärung unbedenklich anschliessen und hat hienach die oben gestellte Frage zu bejahen, wobei nur daran zu erinnern ist, dass die Zuständigkeit des Municipalmagistrates unter diesen Umständen nicht durch den Gerichtsstand der Widerklage, sondern durch den vereinbarten Gerichtsstand vermittelt wird.

Es konnten aber Verhältnisse vorliegen, welche es dem Kläger ermöglichten, zum mindesten glaubhaft zu machen, dass nicht er durch Verneinung eines mit Erhebung der Klage stillschweigend erklärten Prorogationswillens, sondern vielmehr der Beklagte durch Erhebung seiner Widerklage sich eine *calumnia* zu Schulden kommen lasse. Der Richter wird um so eher in der Lage gewesen sein, solche Umstände zu prüfen und zu würdigen, als ohnehin, wenn ein aus zweiseitigem Vertrag entsprungenes Rechtsverhältnis streitig wird, zur Klarstellung des letzteren das ganze Vertragsverhältnis selbst vorgetragen und erläutert werden musste. Gelangte der Richter dabei zur Einsicht, dass die Widerklage frivol sei, so durfte er wohl die Behauptung des Beklagten, Kläger habe durch Erhebung der Klage seinen Prorogationswillen erklärt, zurückweisen, weil unter diesen Umständen der Kläger nicht wissen konnte, dass Widerklage werde erhoben werden, oder es doch jedenfalls unmöglich ist, in der Klagestellung den Ausdruck des Prorogationswillens bezüglich einer Widerklage zu finden, deren Erhebung gar nicht vermutet werden konnte. Dann vermag der Mangel der Zuständigkeit nicht auf klägerische *potestas calumniosa* zurückgeführt zu werden. Das Vorhandensein von *calumnia* auf Seite des Klägers bildete aber bei *Gaius* die Voraussetzung für die von ihm getroffene Entscheidung. Dieselbe wird also nicht massgebend sein, wenn ausnahmsweise ein Fall eintritt, wie er oben als möglich dargestellt ist. Diese Modifikation ist aber mit der von Planck gegebenen und hier acceptierten Auslegung vollkommen vereinbar.

Bezüglich des Einflusses der sachlichen Zuständigkeit auf die Zulässigkeit von Widerklagen gelten hienach im römischen Rechte folgende Sätze:

a) Uebersteigt der Gegenstand der Widerklage die Kompetenz der Municipalmagistrate, so sind diese für die Widerklage nur unter der Voraussetzung einer ausdrücklich oder stillschweigend erfolgten *prorogatio fori* zuständig; daraus folgt:

β) Bleibt der Wert des Widerklagegegenstandes innerhalb der Zuständigkeitsgrenze, so ist das Gericht der Klage kraft seiner ordentlichen Kompetenz auch für die Widerklage zuständig, d. h. Zusammenrechnung des Gegenstandes der Klage und Widerklage fand nicht statt.

γ) Aus *l. 11 pr. cit.* folgt: Die Regel *sub β*) galt auch dann, wenn der Beklagte in einer Widerklage mehrere Ansprüche kumulierte, deren Einzelwerte die Kompetenz des Municipalmagistrats nicht überstiegen. Dagegen war

δ) die Widerklage vor den Municipalmagistraten ausgeschlossen, wenn ihr Gegenstand nicht zur sachlichen Kompetenz derselben gehörte; und die Voraussetzung, welche *sub a*) erwähnt wurde, ausnahmsweise einmal nicht erfüllt war; hieran änderte auch die Einführung des Gerichtsstandes der Widerklage Nichts, weil *l. 14 C. cit.* eine Erweiterung der sachlichen Zuständigkeit nicht beabsichtigte (s. Anm. 34). Die Beschränkung ist aber als weggefallen [44] zu betrachten, seitdem *Nov. 96* dem Beklagten verboten hatte, während

---

44) Fuchs a. a. O. S. 164 referiert eine abweichende Ansicht des Bartolus, wonach der Beklagte trotz des Justinianischen Verbots bei Unzulässigkeit der Widerklage seinen Anspruch gleichzeitig mit dem anhängigen Process bei einem andern Richter soll verfolgen können. Dabei wird aber der Zweck und die unbedingte Aufstellung des Verbots nicht genügend gewürdigt.

der Rechtshängigkeit einer gegen ihn gerichteten Klage seinen Kläger vor einem andern Richter zu belangen. Das Gegentheil wäre eine zeitweise *denegatio iustitiae* gewesen, die Justinian gewiss ferne lag. Sonach fiel auf Grund der *Nov. 96* die Prüfung der Frage, ob die sachliche Zuständigkeit des Gerichts der Klage auch für die Widerklage ausreiche, hinweg. Der Gerichtsstand der Widerklage bedeutete also nicht mehr wie ursprünglich blos eine Erweiterung der örtlichen, sondern auch der sachlichen Zuständigkeit.

Die Zulässigkeit einer dinglichen Widerklage gegen eine persönliche Klage und umgekehrt scheiterte vor *Nov. 96* an dem Erfordernis des *idem negotium*, da aus einem obligatorischen Vertrag, wie er hiebei vorausgesetzt wird, niemals eine dingliche Klage abgeleitet werden kann, zu deren Begründung es vielmehr einer *traditio, iuris quasi traditio, in iure cessio* bedurfte. Seit *Nov. 96* aber konnten persönliche und dingliche Ansprüche zweifellos in Klage und Widerklage einander gegenübergestellt werden; dafür spricht die allgemeine vorbehaltlose Ausdrucksweise des Gesetzes. Da nun der dingliche Gerichtsstand im römischen Rechte nie ausschliessliche Qualität erlangt hat, so besteht kein Grund über den Gerichtsstand der Widerklage hinwegzugehen, wenn Objekt der Widerklage ein dinglicher Anspruch ist bezüglich einer Sache, die nicht im Bezirke des mit der Klage befassten Gerichts gelegen war.[45]

Wir sehen die Einführung des Gerichtsstandes der Widerklage im römischen Rechte mit Rücksichten der Billigkeit motiviert; es wäre umgekehrt eine Unbilligkeit, wollte der Kläger veranlassen, dass über das nemliche Rechtsgeschäft, aus welchem er geklagt hat und nun widerbeklagt werden soll, zwei verschiedene Richter entscheiden. Das gesetzgeberische Motiv aber blieb das gleiche, auch als dieser Gerichtsstand zu Gunsten des Beklagten die in jeder Richtung wirkenden Erweiterungen erfuhr. Ebensowenig aber erscheint jenes Motiv durch die beigefügte zeitliche Beschränkung alteriert, so sehr sich auch die letztere als eine Massregel der Zweckmässigkeit herausstellt; sie war vielmehr gleichfalls durch die Billigkeit

---

45) **Heffter** im A. f. c. P. Bd. 10 S. 214. **Ulrichs** a. a. O. S. 48. — Im römischen Rechte war das forum rei sitae bekanntlich auch für beweglicho Sachen begründet.

geboten und war notwendig, sollte nicht die Befugnis des Beklagten, jederzeit ein der anhängigen Streitsache fremdes Rechtsverhältnis in den Process einzuführen, diesen verwirren und damit selbst einer Unbilligkeit Vorschub leisten.

Ungeachtet des einheitlichen Beweggrundes verfolgte aber Justinian doch in beiden Gesetzen verschiedene Zwecke: während er durch seine Konstitution vom Jahre 530 offenbar die ungleichartige Beurteilung innigst verwandter Rechtsverhältnisse seitens verschiedener Richter verhindern und so die Harmonie der Rechtsprechung in derartig zusammengehörigen Streitsachen fördern wollte, war es ihm in der Novelle darum zu thun, Parteichikanen abzuschneiden, welche geeignet waren, sogar das Ansehen der Justizorgane selbst zu schädigen. Beide Male suchte er seinen Zweck dadurch zu erreichen, dass er die Möglichkeit, mehrere Streitsachen in einem Verfahren zu vereinigen, erweiterte. Diese Vereinigung war ihm also nur Mittel zum Zweck. Anders im kanonischen Rechte.

2. Das kanonische Recht.

Die kanonischen Rechtsquellen erwähnen den Gerichtsstand der Widerklage ausdrücklich nur in *c. 1 C. 3 q. 8*, woselbst die *correctores Romani* den Schlusssatz der *l. 14 C. cit.* wörtlich eingeschoben haben und in *c. 3 in VI° de rescriptis*, worin das Verbot der *Nov. 96* mit Beschränkung auf persönliche Klagen und den Process vor delegierten Richtern wiederholt wird. Die hiebei angedrohte Strafe der Nichtigkeit des Verfahrens musste auch nach römischem Rechte die Folge der Uebertretung des Verbotes sein (*l. 5 C. de legibus*).

Beide Stellen gehören zwar einer verhältnismässig späten Zeit an; daraus ist jedoch nicht zu schliessen, dass vorher das *forum reconventionis* im kanonischen Recht nicht anerkannt gewesen sei, vielmehr ist mit Rücksicht auf den Ursprung des kanonischen Rechts aus dem römischen und seine engen Beziehungen zu diesem das Gegenteil anzunehmen.

Für den Umfang des Gerichtsstandes und die Zeit der Geltendmachung sind von einer einzigen Ausnahme abgesehen die hinsichtlich der Widerklage selbst getroffenen Bestimmungen massgebend. Danach weicht die kanonische Gesetzgebung nur in wenigen nicht gerade wesentlichen Punkten vom Justinianischen Rechte ab. Der Gerichtsstand der Widerklage kann nur vor der Litiskontestation,[46] aber für alle persönlichen Ansprüche geltend gemacht werden, ohne Rücksicht darauf, ob sie *ex eadem causa* mit dem *petitum* des Klägers stammen oder nicht.[47] Das Gegenteil scheint in *c. 1 C. 3 q. 8* und *c. 12 X de fide instrumentorum* und zwar im zweiten Falle durch die Worte — *„quod super similibus coram ipsis reconvenisset"* zum Ausdruck gekommen zu sein; jedoch bemerkt schon die Glosse zu der letzteren Stelle: *„Et etiam super dissimilibus poterat eos reconvenire"*; eine andere Meinung ist auch bei Gregor IX. nicht zu vermuten, da das Justinianische Recht durch den *liber authenticarum* schon im 12. Jahrhundert bekannt geworden war. Möglicherweise bezieht sich das *dissimilibus* auf den speciellen Unterschied zwischen dinglichen und persönlichen Ansprüchen, wodurch das gewonnene Resultat nur bekräftigt würde. Mit jenen Worten sollte also wohl nicht eine Voraussetzung betont, sondern nur der konkrete Fall referiert werden. Bezüglich der ersteren Stelle aber kommt in Betracht, dass der aus *l. 14 C. cit.* in das *Decretum* erst im 16. Jahrhundert herübergenommene Satz hier notwendig einen anderen Sinn hat als dort, indem die *Correctores Romani* zweifellos nur anerkanntes Recht konstatieren wollten — ihre Aufgabe war ja lediglich auf Grund historischer und philologischer Kritik einen authentischen Text herzustellen — überdies die Akkursische Glosse, deren Autorität für jene Zeit in's Gewicht fällt, die Worte *in eodem negotio* keineswegs auf das Erfordernis der Konnexität bezog (s. hier Anm. 38).

Eine Abweichung vom römischen Rechte ist schon oben erwähnt worden; eine weitere Aenderung lag darin, dass die Widerklage

---

46) c. 1 X de mut. pet.; das eodem durante iudicio in c. 3 in VI°. de rescr. bezieht sich auf die als simultaneus processus hervortretende Wirkung nicht auf den Zeitpunkt der Erhebung der Widerklage, wurde freilich später missverstanden.
47) c. 3 in VI°. de rescr. steht in dieser Beziehung auf dem Standpunkte der Nov. 96. Für dingliche Ansprüche war der besondere Gerichtsstand nicht gegeben (vgl. hier Anm. 61), obgleich sie auch widerklageweise verfolgt werden konnten.

auch vor dem delegierten Richter zugelassen wurde.[48] Ausdrücklich findet sich das Gegenteil im Justinianischen Rechte nicht angeordnet; es folgt aber indirekt aus der damaligen Stellung der *iudices delegati*, denen kein regelmässiger Geschäftskreis zugewiesen war, die vielmehr nur von Fall zu Fall durch den ordentlichen Richter beauftragt wurden, dass sich ihre Richterbefugnisse auch blos auf die einzelne ihnen überwiesene Streitsache erstrecken konnte.[49]

Im kanonischen Rechte war der *simultaneus processus* ursprünglich die untrennbare Folge der Widerklage,[50] so sehr, dass die Möglichkeit, Klage und Widerklage in einem Verfahren zu erledigen, selbst als der Zweck erscheint, um deswillen die Widerklage vom Gesetzgeber zugelassen wurde. Der Gerichtsstand der Widerklage bedeutete aber hier wie im römischen Rechte nur eine Erweiterung des Anwendungsgebietes für jene; er diente also demselben Zwecke, den *simultaneus processus* zu ermöglichen. Diese Zweckmässigkeit bildete die principielle Grundlage, das Motiv bei Anerkennung des Gerichtsstandes, der ja auch seine übrigen Daseinsbedingungen zum weitaus grössten Teil denen der Widerklage entlehnte. Dabei ist jedoch nicht zu übersehen, dass die Vereinigung mehrerer Streitsachen zu einem Verfahren dem ursprünglichen Satze *quot causae tot iudicia* des *ius strictum* als *ius aequum* gegenübertrat. Auch jene Zweckmässigkeit hat also die Billigkeit zur Basis.

Die italienische Rechtswissenschaft[51] erklärte in Folge eines durch *c. 3 in VI° cito* hervorgerufenen Missverständnisses die Erhebung der Widerklage nach der Litiscontestation für zulässig, jedoch ohne ihr dann die Wirkung des *simultaneus processus* zuzuschreiben; von dieser Neuerung wurde selbstverständlich der Gerichtsstand mitergriffen, insoferne er seitdem bis zum Endurteil geltend gemacht werden konnte. Hiedurch ist neben jenes aus dem *ius aequum* erzeugte Zweckmässigkeitsprincip das römischrechtliche der

---

48) c. 1 X de mut. pet. Maranta speculum aureum P. 4 dist. 6 n° 9 führt daneben einige Ausnahmen an.
49) l. 3 C. de ped. iud. l. 1 C. sia non comp. iud.
50) Vgl. Planck Mehrheit S. 351. 352.
51) gl. ad c. 3 in VI° de rescr. Durantis speculum iudiciale l. II. p. I. de reconv. § 3. vgl. Planck Mehrheit S. 351.

Billigkeit selbst als gleichberechtigt hingestellt; das eine oder das andere kommt zur Geltung, je nachdem die Widerklage vor oder nach der Litiskontestation erhoben und beziehungsweise der besondere Gerichtsstand in Anspruch genommen wird.

Der Exkommunicierte kann nicht Widerklage erheben,[52] weil ihm die aktive *persona legitima standi in iudicio* abgesprochen ist;[53] der gegen ihn auftretende Kläger kann also nicht dem Gerichtsstande der Widerklage unterworfen werden. Weitere Ausnahmen greifen Platz in Kriminalsachen und in Spoliensachen, letzterenfalls in solchen der Kirchen und Geistlichen unbedingt, bei anderen Parteien aber nur dann, wenn die Widerklage nicht gleichfalls wegen Spoliation erhoben wird; endlich im Besitzstreit.[54] Dagegen ist der privilegierte Gerichtsstand des Klägers regelmässig kein Hindernis für den Gerichtsstand der Widerklage.[55] Eine Differenz besteht bezüglich der Zulässigkeit von Widerklagen über geistliche Dinge vor dem Laienrichter, indem *Durantis*[56] dieselbe verneint, die Glosse[57] aber sie bejaht; die erstere Ansicht dürfte jedenfalls dem Geiste und Streben des kanonischen Rechtes mehr entsprechen,[58] wonach eine ausschliessliche sachliche Zuständigkeit der geistlichen Gerichte für geistliche Streitsachen anzunehmen sein möchte.

Keine Ausnahme bildet der summarische Process.[59] Ebenso kann es nicht als Ausnahme behandelt werden, dass die Widerklage und damit der besondere Gerichtsstand im Verfahren vor dem *arbiter* ausgeschlossen wird;[60] dies liegt in der Natur des Schieds-

---

52) c. 5 X de exceptionibus.
53) Vgl. Constitutio Francofurtensis (1220) Portz M. G. L. II. S. 236.
54) gl. ad c. 6 X de arb; ad c. 1 C. 3 q. 8. Bezüglich der Ausnahme gegenüber der a° spolii bemerkt Looning a. a. O. S. 44. 45 mit Recht, dass diese Ausnahme einen materiellrechtlichen Grund hat.
55) gl. ad c. 1 C. 3 q. 8 Durantis l. c. lib. II part. I. de reconv. § 2 vers. 11 Maranta l. c. no. 35.
56) Durantis l. c. § 2 vers. 2: „— — item exceptis spiritualibus, de quibus coram laicis non habet locum reconventio.
57) gl. ad c. 1 C. 3 q. 8. „Ex hoc videtur, quod clericus possit reconveniri etiam in spiritualibus — —"
58) Vgl. c. 3 X de ord. cogn.
59) Maranta l. c. no. 21.
60) c. 6. X de arb. Maranta l. c. no. 10. Fuchs a. a. O. S. 165.

vertrages; es ist freilich nicht unmöglich, dass der oder die Schiedsrichter auch für allenfallsige Widerklagen angenommen und aufgestellt werden; nur lässt sich dann aus sehr naheliegenden Gründen nicht von einem Gerichtsstande der Widerklage sprechen, denn die Verpflichtung, sich dem Schiedsspruche zu unterwerfen, ist lediglich durch den Vertrag begründet.

Eine wesentliche Beschränkung wird endlich noch dadurch bewirkt, dass der Gerichtsstand der gelegenen Sache (*forum rei sitae*) im kanonischen Rechte nicht wie im römischen mit dem allgemeinen Gerichtsstande des Wohnsitzes der Person konkurriert, sondern jeden anderen Gerichtsstand, folglich auch den der Widerklage ausschliesst.[61] Ein dinglicher Anspruch, der eine unbewegliche Sache betrifft, kann hienach „widerklageweise nur dann verfolgt werden, wenn das Gericht der Klage zugleich *forum rei sitae* ist.[62]

Wetzell a. a. O. glaubt, dass die Ausschliesslichkeit des dinglichen Gerichtsstandes vom kanonischen Rechte dem germanischen entlehnt sei. Der in *c. 3 l. c.* aus der *I. collatio* reproducierte Koncilsbeschluss ist aber vom Jahre 402 datiert, für welche frühe Zeit die Existenz des entsprechenden germanischen Rechtssatzes sich nicht nachweisen lässt. Wenn nun trotzdem aus der in *collatio I.*

---

[61] c. 3. X de foro competenti: „Sane si episcopi, inter quos causa versatur, sint diversarum provinciarum: ille primas det iudices, in cuius provincia est locus, de quo contenditur;" vgl. Wetzell: System § 41 Anm. 48. Die Beweiskraft des c. 3 cit. wird verstärkt durch Vergleichung mit der korrespondierenden Stelle in der I. collatio lib. II. eod. tit. II, c. IV., welche nach contenditur fortführt: „Si autem ex communi placito vicinos iudices elegerint, aut unus eligatur aut tres; ut si tres elegerint aut omnium sententiam sequantur aut duorum;" danach sind die Parteien beim Schiedsvertrage in der Wahl der Richter nicht beschränkt; eine weitere Ausnahme aber wird nicht gemacht. Vgl. ferner die notae zur I. collativ (Labbé: Antiquae collectiones decretalium cum Ant. Augustini et Jacobi Cuiacii notis) und zwar zu dem Satze ille primas .... contenditur a. E.: „Eos patres decreverunt, inquit, iudices Episcopos dari a Primate provinciae, sive Metropolitano, quos ipse decreverit: si modo locus in eadem provincia existit." Die Erfüllung dieser Bedingung erscheint sohin als notwendige Voraussetzung für die Befugnis zur Ernennung des Richters. Endlich die gl. ad v. Provincia sagt: „Sic patet, quod sub illo iudice agere debet actor, in cuius provincia res est litigiosa: ut ex ipsa re sortiatur forum."

[62] Heffter a. a. O. S. 214. 215, einverstanden mit dieser Konsequenz der Ausschliesslichkeit bestreitet die letztere für das forum rei sitae im kanonischen Rechte.

vom Griechischen in das Lateinische übertragenen vollständigeren Fassung, welche ja unter den obwaltenden Umständen der Auslegung zu Grunde gelegt werden muss, die Ausschliesslichkeit des *forum rei sitae* schon für jene Zeit folgt, so wird man zu dem Schluss kommen, dass das kanonische Recht in diesem Punkte selbständig mit einer Neuerung gegenüber dem römischen Rechte aufgetreten ist. Damit soll jedoch die Möglichkeit germanischen Einflusses auf Gregor IX. und die Glosse nicht geläugnet werden, welche sich ohne diesen Einfluss vielleicht der Strömung des römischen Rechtes überlassen hätten.

3. Das germanische Recht im Mittelalter.

Der germanische Process hatte zur Grundlage die Dingpflicht Derer, welche im Gerichtsbezirke Wohnsitz oder unbewegliche Güter hatten.[63] Die Gerichtsstandspflicht war nur eine Seite des in der Dingpflicht begründeten öffentlich rechtlichen Verhältnisses.[64] Demgemäss erscheint auch der **Gerichtsstand der Widerklage**, dessen Existenz für das spätere Mittelalter hinlänglich beglaubigt, dessen Alter jedoch bestritten ist, nur als notwendige Folge einer auf eigentümliche Weise begründeten **Dingpflicht**.

Sohm[65] findet bereits in einem Kapitulare Ludwig II. v. J. 855 denselben Grundsatz aufgestellt, der im Sachsenspiegel[66] und dem *statutum in favorem principum* König Heinrich's v. J. 1231 beziehungsweise in der *confirmatio* hiezu (Friedrich I, 1232)[67] unzweideutig ausgesprochen ist, dass nemlich der Kläger durch Klagestellung im Gerichte der Klage dingpflichtig werde und dort

---

63) Sohm: Altdeutsche Reichs- und Gerichtsverfassung I. S. 297—327.
64) Sohm: a. a. O. S. 353. Planck: Deutsches Gerichtsverfahren im Mittelalter I. S. 50.
65) Sohm a. a. O. I. S. 327. 328.
66) Ssp. Ldr. I, 60 § 3: Swôr der man vorderet recht, dâ sal he rechtis phlegen und helfen; § 2 cod. III, 79 § 3 Swô der man claget, dâ muz her antwurten, ab man ûf in claget. Gl. Ssp. Ldr. III, 25.
67) Pertz M. G. L. II. S. 283. 292: „Item in civitatibus nostris actor forum rei sequatur, nisi reus vel debitor principalis ibidem fuerit inventus, quo casu respondeat ibidem." Hier ist der Gerichtsstand der Widerklage aufgegangen in einen Gerichtsstand des Aufenthaltes. Ueber denselben Rechtssatz in deutschen Stadtrechten vgl. Panck Deutsch. Gerichtsverfahren i. M. S. 83. 84.

folglich jede Klage anzunehmen habe, sowie sich dem Urteile dieses Gerichts auch als Beklagter unterwerfen müsse; dass also die Thatsache der Klagestellung daselbst einen allgemeinen ausserordentlichen Gerichtsstand des Klägers begründe.[68]

Planck a. a. O. S. 73 Anm. 9 hat dagegen die Verwendbarkeit jenes Kapitulare für den Beweis der Sohm'schen Behauptung bezweifelt, indem er zugleich darauf hinwies, dass das Gesetz nur von Entscheidung des Incidentstreites über die Freiheit des Klägers handle; und es muss allerdings ohne Weiteres zugegeben werden, dass dort der fragliche Satz keineswegs in jener Allgemeinheit ausgesprochen ist, welche Sohm für ihn in Anspruch nimmt. Die Beweiskraft des betreffenden Satzes wird sich bei der vorzunehmenden Prüfung als eine nur scheinbare herausstellen.

Jenes Kapitulare aber lautet an der von Sohm für relevant erklärten Stelle:

2) *Si forte quispiam aliquem mallaverit, et ille, qui mallatus fuerit, vel alius in ipsa altercatione veniens eum ad servitium mallaverit, iubemus, ut praesentaliter inter se wadient . . . . .*

Dies scheint genug, um die Behauptung Sohm's zu stützen; allein der Satz erhält sofort einen anderen Sinn, wenn man ihn im Zusammenhang mit dem 1. Abschnitt des Kapitulare betrachtet. Dort wird nemlich dem Beklagten das Recht eingeräumt, unter der Behauptung, der Kläger sei Sklave eines Dritten, die Antwort auf die Klage ohne Nachteil zu verweigern. Der Freiheitsprocess soll dann als Incidentpunkt behandelt und vor demselben Gerichte geführt werden; der Beklagte hat zu diesem Zwecke den angeblichen Herrn des Klägers zu benennen, sowie an dem hiefür bestimmten Gerichtstage an die Gerichtsstätte mitzubringen, woselbst der angebliche *dominus* den Freiheitsprocess aufnehmen kann; bis zu dessen Entscheidung bleibt die andere Sache natürlich ausgesetzt.

---

68) Vgl. Sohm a. a. O. Planck a. a. O. S. 73 Simon Juris Saxonici medii crevi de foro competente praecepta S. 37 ff. Stobbe in Muthers und Bekkers Jahrb. I. S. 447-449. — Ulrichs a. a. O. S. 32 hält auch den germanischen Gerichtsstand der Widerklage nur zu Gunsten des Beklagten für begründet.

Der 2. Abschnitt setzt nun den Fall, dass der Beklagte selbst der Eigentümer zu sein vorgiebt, oder dass ein anwesender Dritter, und zwar, wie nach dem Inhalte des 1. Abschnittes als selbstverständlich vorausgesetzt werden darf, auf Anrufen des Beklagten, den Kläger als seinen Sklaven in Anspruch nimmt. Dann wird durch das *inter se wadiare* der Freiheitsprocess selbst sogleich eingeleitet. Es handelt sich also in der That um einen Incidentstreit über eine Processvoraussetzung; der Process über die Freiheit ist hier nicht Selbstzweck.

Unter diesen Umständen kann das fragliche Kapitulare keineswegs mit Sohm als Ausdruck eines allgemeinen Grundsatzes über Dingpflicht und beziehungsweise Gerichtsstandspflicht aufgefasst werden. Es enthält nur eine ganz singuläre Bestimmung, die wohl den Keim eines später zur Geltung gekommenen Rechtssatzes gebildet haben kann, die aber so lange nicht verallgemeinert werden darf, als sich nicht festere Anhaltspunkte hiefür ergeben. Daselbst wird also nicht ein allgemeiner, sondern höchstens ein besonderer Gerichtsstand und nicht für Widerklagen, sondern lediglich für den Incidentstreit über die Freiheit als Voraussetzung für die Parteifähigkeit gewährt; es wäre dies ein Fall des sogenannten *forum connexitatis* (s. Anm. 119). Soferne man ein solches aber nicht anerkennen will, kann man hier von einem für den gedachten Incidentstreit begründeten besonderen Gerichtsstande so wenig wie von einem allgemeinen reden.

Aus der Verbindung des im Sachsenspiegel a. a. O. (Anm. 66) aufgestellten und oben wiedergegebenen Rechtssatzes mit der das Verfahren betreffenden Norm, wonach die im gedachten Gerichtsstande von dem Beklagten oder einem Dritten erhobene Klage erst nach Entscheidung über die Vorklage zu verhandeln ist,[69] ergiebt sich als Resultat, dass nicht die Vereinigung mehrerer Streitsachen in einem Verfahren, sondern die Erweiterung der Gerichtsbarkeit Zweck dieses Rechtsinstituts war (Planck Mehrheit S. 352). Diese Erweiterung der Gerichtsgewalt war wohl schon thatsächlich geübt, ehe der Sachsenspiegel sie als Inhalt eines

---

69) Ssp. Ldr. III, 12 § 1.

Rechtssatzes aufführen konnte; sie bildete nur eine Station auf dem Wege zur Landeshoheit. In dem Streben der schon seit Ende der Karolingerperiode förmlich mit Königsbann,[70] später mit erblichen Aemtern ausgerüsteten Gaubeamten nach Ausdehnung ihrer Machtsphäre mochte man auf Seite dieser dazu gelangt sein, von Demjenigen, welcher in einem bestimmten Gerichte Recht forderte, gewissermassen als Aequivalent für den gewährten Rechtsschutz,[71] die Erfüllung der Dingpflicht an derselben Gerichtsstätte zu verlangen. So waltete auch hier die Billigkeit als gestaltendes Princip des Amtsrechtes.[72] Aus dieser Entstehungsweise folgt zugleich, dass im germanischen Rechte Widerklage und Gerichtsstand im umgekehrten Verhältniss zu einander standen, wie im römischen Rechte: Die Zulassung der Widerklage folgte mit Notwendigkeit aus der eigentümlichen Begründung der Dingpflicht. War die letztere ohnehin als ordentliche gegeben, so unterschied sich selbst die Klage des Beklagten gegen den Kläger nicht von einer andern Klage, ausser, wenn sie im Laufe des anhängigen Rechtsstreites erhoben wurde, wofür übrigens kein Interesse bestand, da die Vereinigung zu einem Verfahren nicht gestattet war. Das Verhältnis der Widerklage zu dem Gerichtsstande erklärt und rechtfertigt endlich auch den Namen der Widerklage selbst für die in diesem Gerichtsstande erhobene Klage eines Dritten.

Die Regel, dass den Kläger sein persönlich privilegierter Gerichtsstand nicht von dem der Widerklage befreite, erlitt partikularrechtlich Ausnahmen zu Gunsten der Geistlichen, Adeligen und Juden.[73] Hinsichtlich der weiteren Ausnahmen stimmen kanonisches und germanisches Recht überein.[74]

---

70) Sohm a. a O. S. 175—177.
71) Planck Mehrheit S. 352. 353.
72) Sohm a. a. O. S. 138 ff. stellt für die Zeit des fränkischen Reiches das Amtsrecht überhaupt als ius aequum dem Volksrechte als ius strictum gegenüber.
73) Gl. z. Ssp. Ldr. I, 60 § 3. II, 12 § 3. III, 19 i. f. Stobbe a. a. O. I. S. 447. Simon a. a. O. S. 40. 42. Statutum in favorem principum 1231 und Curia Sibidati 1232. Pertz M. G. L. II. S. 282. 292.
74) Vgl. wegen der Geächteten Ssp. Ldr. III, 16 § 3. Const. Francof. (hier Anm. 53) wegen der peinlichen Sachen Gl. z. Ssp. Ldr. III, 79 § 3. wegen der Ausschliesslichkeit des dinglichen Gerichtstandes cod. III, 33 § 4. Richtsteig Ldr. c. 23 § 4. Planck Deutsch. G. i. M. S. 48 u. 49.

Aus dem Bisherigen erhellt, dass der Gerichtsstand der Widerklage keiner sonstigen sachlichen Beschränkung unterlag. Eine zeitliche Grenze fand seine Geltendmachung der Natur nach in dem Ende des Gerichtstages, an welchem das Verfahren über die Vorklage beendigt wurde; denn an diesem Tage hatte der Kläger noch Recht gefordert. Der Endpunkt des Verfahrens selbst blieb dagegen irrelevant.

4. Der Gerichtsstand der Widerklage in Deutschland seit der Reception.

a) Vom 16. bis zum 19. Jahrhundert.

Für die gemeinrechtliche Geltung unsres Rechtsinstituts legt bereits Ulrich Tengler's Layenspiegel[75] Zeugnis ab, welcher wesentlich das kanonische Recht vor der Glosse referiert, während sich Pütter a. a. O. § 99 bezüglich des Zeitpunktes für Erhebung der Widerklage an die Glosse anschliesst. Der Gerichtsstand der Widerklage ist danach im gemeinen Rechte ebenfalls unabhängig von der zeitlichen Beschränkung, welche für die Wirkung des *simultaneus processus* gilt. Das vom kanonischen Rechte ohnehin modificierte Verbot der *Nov. 96* blieb in der Praxis ganz unbeachtet.[76] Hinsichtlich des Gerichtsstandes der gelegenen Sache wird das *in com-*

---

75) Der neu Layensplegel (1512) cap: Vom widerrechten und gegenclagen: „Wo aber der beklagt der bemelten einreden nit zu thund sunnder ainicherlay clag dargegon hat, so mag er dieselben, es sei vor ordentlichen oder geschafften Richter vor seiner antwurt und verfaltung des kriegs oder mit ainer vorgoenden protestation darnach fürwenden. Also dass baidertail klagen mit ainander geendet, wann die gegenclag zu Latein genannt Reconventio im rechten dermassen gefreyt, das der kläger schuldig ist auch darauff zu antwurten bei verliessung seiner klag, er hat denn ain solche klag gethon, die im rechten fürtreffen — ." Einer Einrede der Unzuständigkeit des Gerichts geschieht neben dieser Ausnahme keine Erwähnung. — Vgl. für das gemeine Recht noch Jo. Steph. Pütteri nova epitome processus imperii amborum tribunalium supremorum (1777) lib. IV. c. VI. de reconv. § 98: „Uti ex iure communi quilibet actor ibi, ubi alterum convenit, ab hoc reconveniri potest, ita et leges Imperiales Reconventionem qualemcunque admittunt: Wetzell System S. 507 ff. Planck Mehrheit S. 353.

76) Vgl. Wetzell System S. 509. Fuchs a. a. O. S. 180 Loening a. a. O. Anm. 160.

plexu recipierte römische Recht massgebend sein, soweit nicht einzelne jener das gemeine Recht vielfach durchbrechenden Partikularrechte den germanischen Grundsatz der Ausschliesslichkeit beibehielten.[77]

Die alten Reichsgesetze über Processrecht regeln die Widerklage wie das gemeine Recht.[78] Der Gerichtsstand der Widerklage aber konnte im Verfahren vor dem Reichskammergericht und dem Reichshofrat nur selten praktisch werden: Eine Widerklage durfte bei den höchsten Reichsgerichten nicht erhoben werden, wenn die Vorklage schon in eine höhere Instanz gerückt war oder wenn das Reichsgericht zwar für die anhängige Klage, aber nicht für die Widerklage die erste Instanz bildete; denn in beiden Fällen würden durch Zulassung der Widerklage dem widerbeklagten Kläger ohne gerechtfertigten Grund diejenigen Instanzen entzogen worden sein, welche die Widerklagesache ordentlicherweise zu durchlaufen gehabt hätte;[79] meistens wäre darin sogar gleichzeitig eine Verletzung des *privilegium de non evocando* gelegen gewesen. Der erste Grund musste auch dann gelten, wenn eine nicht im deutschen Reiche wohnhafte Person in die Lage kam, vor einem der Reichsgerichte zu prossessieren. Soferne das betreffende Reichsgericht aber für Klage- und Widerklagesache die erste Instanz bildete — Sachen der Reichsunmittelbaren, welche keinen Austrag hatten — war es ohnehin für beide Personen zuständig und der Beklagte hatte deshalb nicht nötig, den besonderen Gerichtsstand geltend zu machen. Dagegen waren die beiden höchsten Reichsgerichte für diejenigen Reichsunmittelbaren, welche einen Austrag besassen, zwar nicht als 1. Instanz zuständig; trat aber ein so Privilegierter vor einem Reichsgerichte in erster Instanz als Kläger auf, so schützte ihn doch nach allgemeinen Regeln sein Privileg nicht gegen die Unterwerfung unter den Gerichtsstand der Widerklage; aus demselben

---

77) Vgl. Hoffter a. a. O. (hier Anm. 62.) Bethmann-Hollweg: Versuche über einzelne Teile der Theorie des Civilprocesses S. 73. Wetzell System S. 501. Prot. der H. K. II. S. 437.

78) K. G. O. (1507) Tit. I § 18; (1555) Teil III. Tit. 30. R. H. O. Tit. II. § 8.

79) Vgl. Sartorius a. a. O. S. 309. Wetzell System S. 508. Danz. Grundsätze des Reichsgerichtsprocesses § 233 no. 3. s. noch hier Anm. 155.

a) Vom 16. bis zum 19. Jahrhundert.

Grunde konnte ein reichsunmittelbarer Kleriker, obgleich nicht *austraegarum iudicium habens*, sich dem Gerichtsstande der Widerklage nicht entziehen.[80] Ausserdem aber wird auch noch die Anwendbarkeit des Gerichtsstandes der Widerklage aus dem Grunde behauptet, *ne causae dividatur connexitas*,[81] nur scheint Danz, welcher diesen Satz offenbar darauf stützt, dass die beiden Reichsgerichte auch gegenüber mittelbaren Personen wegen Konnexität der Sachen zuständig seien (§ 217 Ziff. 1 a. a. O.) hiebei das *forum connexitatis materialis* und das *forum reconventionis* nicht auseinanderzuhalten. Die Ausnahmen vom Gerichtsstande der Widerklage waren hier dieselben wie im kanonischen Rechte.[82]

Die wesentlichen Bestimmungen des Civilprocessrechts waren in Deutschland fast allenthalben in particulären Processordnungen enthalten. Hievon blieb nur der kleinste Teil dem Gerichtsstande in seiner germanischen Gestalt treu; es waren Länder des sächsischen Rechts,[83] die auch sonst der Reception der fremden Rechte zäheren Widerstand entgegensetzten. Im Uebrigen diente das römisch-kanonische Recht als Vorbild, ohne dass jedoch überall an dem gemeinen Rechte als Endresultat der Entwickelung festgehalten worden wäre. Es trat vielmehr das Bestreben hervor, die Widerklage auf ein engeres Gebiet zu beschränken; so schon im *Corpus Juris Judiciarii Bavarici* (1753; *c. 8 § 1* und in der allgemeinen Gerichtsordnung für die preussischen Staaten (1793) Teil I Tit. 19

---

80) Cramer: Systema processus imp. § 354: Actore in Camera convento, si ille hunc sibi etiam obnoxium dixerit, efficit, ut ibidem de eo reconveniri possit, licet actor sit clericus vel privilegiatus austraegarum indicium habens vel mediatus. Vgl. oben Anm. 55.

81) Danz a. a. O. § 233 mit § 217 Ziff. 1. Roding: Pandectae iuris cameralis lib. I. cap. sing. de continentiis causarum § 27: Reo ab actore in camera convento, si ille hunc sibi etiam obnoxium dixerit, ipsum, ne causae dividatur conneritas, ibidem de eo reconvenire postet.

82) Cramer a. a. O. Roding a. a. O. § 35—49.

83) Vgl. Planck Mehrheit S. 353. Fuchs a. a O. S. 167. 168. Eine eigentümliche Reminiszenz an die deutschrechtliche Idee, welche den Gerichtsstand der Widerklage mit dem Interesse des Gerichtsherrn in Verbindung brachte, findet sich in der Nürnberger Reformation (1563) Teil I. Tit. VI. Von Gegenklagen Abs. 2: „Jedoch hierinn ausgenommen etlicher Herrschaften underthanen, welche in vermög aines Raths Verträge des widderrechten allhie erlassen und dazu wider ihren willen nit verpunden sein sollen.

§ 16. Das bayerische Recht beschränkte die Widerklage und damit den besonderen Gerichtsstand nur gegen Einheimische auf konnexe Sachen, während es im Uebrigen und insbesondere hinsichtlich der gegen Ausländer gerichteten Widerklagen den Gerichtsstand in jenem Umfange anerkannte, welchen er durch *Nov. 96* einerseits und durch die italienische Wissenschaft (Praxis) anderseits erhalten hatte. Das preussische Recht zeigte sich noch ungünstiger; es griff nicht allein auf das kanonische Recht vor der Glosse zurück, sondern es gab dem Richter sogar die Befugnis, aus praktischen Erwägungen die Widerklage vor das ordentliche Gericht des Klägers zu verweisen.

b) Uebersicht der deutschen Gesetze und Entwürfe von 1850—1872.

Während das ehemals gemeine deutsche Processrecht an dem Resulsat der römisch-kanonischen Rechtsentwicklung festhielt, war schon die Praxis des Reichskammergerichts[84] auf das Recht vor *Nov. 96* zurückgegangen, indem sie nemlich nur konnexe Widerklagen (nicht aber blos *ex eadem causa*) zuliess. Dieselbe Beschränkung ist in den neuesten deutschen Gesetzen und Entwürfen über Civilprocess vertreten.[85] Im Folgenden soll eine Uebersicht über die den Gerichtsstand der Widerklage betreffenden Bestimmungen derjenigen deutschen Processgesetze und der nicht über das Stadium eines Regierungsentwurfes hinausgelangten[86] Entwürfe geboten werden, welche der Civilprocessordnung für das deutsche Reich vom 30. Januar 1877 in der zweiten Hälfte des 19. Jahrhunderts vorausgegangen sind. Diese Uebersicht ist um so mehr von Interesse als die gegenwärtig geltende deutsche Civilprocessordnung gerade in dem Punkte des Gerichtsstandes der Widerklage den Abschluss einer langen in jenen Gesetzen und Entwürfen sich darstellenden Entwicklung bildet. Aus diesem Grund wird es sich

---

[84] Danz. a. a. O. § 232 no. 2. Cramer a. a. O. § 354 a. E.
[85] Vgl. zu der folgenden Übersicht Fuchs a. a. O. S. 173 ff.
[86] Der letzte der deutschen C. P. O. unmittelbar zu Grunde liegende Entwurf wird im nächsten Abschnitte berücksichtigt werden.

empfehlen, bei der Zusammenstellung rein chronologisch zu verfahren. Hienach ist an die Spitze zu stellen:

I. Die Civilprocessordnung f. d. Herzogtum Braunschweig v. 19. März 1850.

§ 23. Abs. 1. Das über die Klage zuständige Gericht hat auch die Entscheidung über die Widerklage.

II. Die allgemeine bürgerliche Processordnung f. d. Königreich Hannover vom 9. November 1850.

§ 14. Abs. 1. Das Processgericht der Klage wird für eine Wiederklage, selbst wenn diese mit jener in keiner Verbindung steht, unter der Voraussetzung zuständig, dass ihm die erforderliche Gattung der Gerichtsbarkeit zusteht, die Wiederklage zugleich mit der Klagebeantwortung erhoben und im Obergerichtsverfahren die die Wiederklage bezielenden Anträge dem Kläger in Gemässheit der Vorschrift des § 191 mitgeteilt wurden.

III. Entwurf einer Processordnung in bürgerlichen Rechtsstreitigkeiten f. d. Grossherzogtum Hessen v. Jahre 1856.

Art. 32: Für Widerklagen ist eben das Gericht zuständig, bei welchem die Klage erhoben ist, vorausgesetzt, dass dieses Gericht über den Gegenstand der Widerklage überhaupt zu entscheiden befugt ist (Art. 310).

IV. Oldenburgisches Gesetz vom 2. November 1857 betr. den bürgerlichen Process.

Art. 22 § 1: Das für die Klage gesetzlich oder in Folge der Prorogation zuständige Gericht ist für die Widerklage, selbst wenn diese mit jener in keiner Verbindung steht, zuständig, wenn sie zugleich mit der Beantwortung der Klage erhoben wird, vorbehaltlich der Bestimmung des Art. 10.

V. Das Koburger Gesetz, die Verbesserung des Civilprocessverfahrens betr., vom 1. Dezember 1858.

Art. 42 beseitigt die Widerklage; vgl. Fuchs a. a. O. S. 174 ff.

VI. Gesetz f. d. Fürstentum Lippe das Verfahren in bürgerlichen Rechtsstreitigkeiten bei den Ober- und Untergerichten des Landes betr. vom 12. April 1859.

§ 4: Das hinsichtlich der Klage zuständige Gericht ist auch für die Wiederklage zuständig unter der Voraussetzung jedoch, dass diese zugleich mit der Klagbeantwortung erhoben wird und soferne nicht die Widerklage wegen der eigentümlichen Natur ihres Gegenstandes der Jurisdiction dieses Gerichts ganz entzogen ist, oder soferne nicht die Ausnahme des § 9 eintritt.

VII. Civilprocessordnung f. d. Freie- und Hanse-Stadt Lübeck vom 28. April 1862.

§ 62: Der Beklagte ist befugt, Ansprüche, welche er gegen den Kläger hat, vor dem Gerichte, bei welchem die Klage erhoben ist, als Widerklage zu verfolgen, vorausgesetzt, dass die Widerklage mit der Antwort auf die Klage verbunden wird. Ist das Gericht der Hauptsache für die Widerklage dem Gegenstand nach nicht kompetent, so verweist es die Verhandlung der Widerklage an das betreffende hiesige Gericht.

VIII. Gesetz f. d. Herzogtum Sachsen-Meiningen vom 16. Juli 1862 betr. das Verfahren in bürgerlichen Rechtsstreitigkeiten.

Art. 73. Abs. 1: Eine Widerklage kann, deren thatsächlicher Grund mag mit der Vorklage ihrem Ursprunge nach in Verbindung stehen oder nicht, der Klage mit der Vernehmlassung auf dieselbe entgegengesetzt werden. — — —

IX. Processordnung in bürgerlichen Rechtsstreitigkeiten f. d. Grossherzogtum Baden vom 18. März 1864.

§ 36. Für Widerklagen ist eben das Gericht zuständig, bei welchen die Klage anhängig gemacht ist, vorausgesetzt, dass die Widerklage vor Eröffnung des Endurteils in der Klagsache angestellt wird.

X. Entwurf einer Processordnung in bürgerlichen Rechtsstreitigkeiten f. d. Preussischen Staat v. J. 1864.

§ 30. Das Gericht, bei welchem eine Klage angestellt wird, ist auch für die Widerklage zuständig, wenn die letztere im Laufe des ersten Rechtszuges erhoben wird und der Gegenstand derselben mit dem Gegenstande der Vorklage in rechtlichem Zusammenhange steht.

Der Gerichtsstand der Widerklage tritt nicht ein, wenn für dieselbe die Zuständigkeit des Gerichts der Vorklage durch Prorogation nicht begründet werden kann (§ 35).

XI. Die Entwürfe einer allgemeinen deutschen Civilprocess-

b) Uebersicht der deutschen Gesetze und Entwürfe von 1850–1872.

ordnung, welche Gegenstand der Verhandlungen [87] einer 1864 —1866 in Hannover tagenden Kommission zur Beratung einer allgemeinen C. P. O. f. d. deutschen Bundesstaaten bildeten.

1) Entwurf einer allgemeinen deutschen C. P. O. nach der Vorlage der Referenten (Anlagen I).

§ 25. Das Gericht der Klage ist für die Widerklage zuständig.

Die Widerklage ist [88], selbst wenn der Kläger dem Gerichtsstand der Klage in Bezug auf den Gegenanspruch unterworfen ist, nur dann zulässig, wenn der Gegenanspruch mit dem Klaganspruch im rechtlichen Zusammenhange [89] steht und der Gegenanspruch zugleich mit der Klagbeantwortung geltend gemacht wird.

Die Widerklage ist unzulässig, soweit eine freiwillige Prorogation nicht stattfindet.

2) Entwurf einer a. d. C. P. O. nach den bei der 1. Lesung gefassten Beschlüssen vorbehaltlich der Schlussredaktion (Anlagen II).

§ 21: Eine Widerklage kann bei dem Gerichte der Klage angestellt werden, wenn der Gegenanspruch mit dem Klaganspruch im rechtlichen Zusammenhange (Konnexität) steht, zugleich mit der Klagbeantwortung geltend gemacht wird und nicht einen Gegenstand betrifft, welcher durch freiwillige Vereinbarung der Parteien vor das Gericht der Klage nicht gebracht werden darf.

3) Entwurf einer a. d. C. P. O. nach den bei der 1. Lesung gefassten Beschlüssen (Anlagen III).

§ 22 gleichlautend mit § 21 sub. 2.

---

87) Gang und Inhalt dieser Verhandlungen ist dargestellt in den Protokollen der Kommission z. Bearbeitung einer allg. C. P. O. f. d. D. B. St. Hannover 1864-66. XVII Folio-Bd. mit zwei Bänden Anlagen.

88) Ein Antrag, hinter den Worten „die Widerklage ist" einzuschalten „gegen Inländer", wodurch die Widerklage und insbesondere der Gerichtsstand gegenüber ausländischen Klägern auch in Ermangelung der Konnexität zugelassen worden wäre (vgl. oben C. J. J. Bav. c. 8 § 1) wurde abgelehnt. Prot. Bd. II. S. 507 ff.

89) Der Antrag, den § 25 so zu fassen, dass der Gerichtsstand der Widerklage auch, wenn eine mit dem Klaganspruch nicht konnexe Gegenforderung der Klage einredeweise entgegengesetzt wurde, bezüglich dieser Gegenforderung begründet erscheint, wurde abgelehnt. Prot. Bd. II. S. 507. 510 ff.

4) Redaktionsentwurf nach dem bei der 2. Lesung gefassten Beschlüssen; (in einzelnen Teilen den Protokollen des XVI. und XVII. Bd. als Anlage beigegeben).

§ 22. Eine Widerklage kann bei dem Gerichte der Klage angestellt werden, wenn der Gegenanspruch sich zugleich zu einer Einrede gegen die Klage eignet,[90] oder mit dem Klaganspruch im rechtlichen Zusammenhange (Konnexität) steht, bei der mündlichen Verhandlung zugleich mit der Klagbeantwortung geltend gemacht wird und nicht einen Gegenstand betrifft, welcher durch freiwillige Vereinbarung der Parteien vor das Gericht der Klage nicht gebracht werden darf (Anlage zum Protokoll über die 319. Sitzung Bd. XVI.)

5) Entwurf e. a. C. P. O. f. d. deutschen Bundesstaaten 1866 (definitiver E. 2. Lesung als Anlage in einem besonderen Band gedruckt).

§ 23: Eine Widerklage kann bei dem Gerichte der Klage angestellt werden, wenn der Gegenanspruch sich zugleich zu einer Einrede gegen die Klage eignet[91] oder mit dem Klaganspruch in rechtlichem Zusammenhange (Konnexität) steht, in Verbindung mit der mündlichen Klagbeantwortung[92] geltend gemacht wird und nicht einen Gegenstand betrifft, welcher durch freiwillige Vereinbarung der Parteien vor das Gericht der Klage nicht gebracht werden darf.

XII. Entwurf einer bürgerlichen Processordnung f. d. Königreich Sachsen v. J. 1865.

§ 86 Abs. 1: Bei dem Gerichte, vor welchem eine Klage im ordentlichen Verfahren oder im Urkundenprocesse erhoben ist, kann eine Wiederklage erhoben werden, wenn der Gegenanspruch mit dem Klaganspruch im rechtlichen Zusammenhange steht oder zugleich eine Aufrechnung mit demselben bezweckt und die Wiederklage in

---

90) In der Kommission war ursprünglich nicht diese Fassung, sondern der Antrag angenommen worden, unter Streichung der Worte „wenn der Gegenanspruch" nach „angestellt wird" einzuschalten „wenn aus dem Gegenanspruche zugleich eine Einrede gegen die Klage begründet wird oder derselben" Prot. Bd. XLII. S. 4823. 4824.

91) Ein Antrag, statt der Worte „sich . . . . . eignet" zu setzen „zugleich im Wege einer begründeten (statthaften) Einrede geltend gemacht wird" wurde abgelehnt. Prot. Bd. XVI. S. 5835. 5836.

92) s. Prot. Bd. XVI. S. 5835. 5836.

dem ordentlichen Verfahren vor den Kollegialgerichten, mit Ausnahme der kollegialen Handelsgerichte, in dem Klagbeantwortungssatze, im ordentlichen Verfahren vor den Gerichtsämtern und vor den Handelsgerichten, sowie im Urkundenprocesse zugleich mit der Klagbeantwortung erhoben wird. Unzulässig ist die Wiederklage, wenn dem Gerichte der Klage nicht die zur Verhandlung des mittelst der Wiederklage geltend gemachten Anspruches erforderliche Gattung der Gerichtbarkeit zusteht.

XIII. Civilprocessordnung für das Königreich Württemberg vom 3. April 1868.

Art. 49: Eine Widerklage kann bei dem Gerichte der Klage angestellt werden, wenn der Gegenanspruch sich zugleich zu einer Einrede gegen die Klage eignet oder mit dem Klageanspruch im rechtlichen Zusammenhange steht und die Widerklage bei der mündlichen Verhandlung zugleich mit der Klagebeantwortung erhoben wird, auch nicht einen Gegenstand betrifft, welcher durch freiwillige Vereinbarung nicht vor das Gericht der Klage gebracht werden darf (Art. 60 Ziff. 2 u. 3).

XIV. Processordnung in bürgerlichen Rechtsstreitigkeiten f. d. Königreich Bayern vom 29. April 1869.

Art. 31 Abs. 1. 2: Gegenansprüche, die mit dem Klageanspruch in rechtlichem Zusammenhange stehen oder zugleich den Gegenstand einer Einrede bilden, können bei dem Gerichte, bei welchem die Klage im ersten Rechtszuge anhängig ist, durch Widerklage verfolgt werden.

Diese Bestimmung findet keine Anwendung auf Ansprüche, welche selbst durch Vereinbarung nicht an das angerufene Gericht gebracht werden können.

XV. Entwurf einer Processordnung in bürgerlichen Rechtsstreitigkeiten f. d. Norddeutschen Bund v. J. 1870.

§ 65: Das Gericht der Klage ist für die Widerklage zuständig.

Der Gerichtstand der Widerklage tritt nicht ein, wenn für dieselbe die Zuständigkeit des Gerichts der Klage durch Prorogation nicht begründet werden kann (§ 78).

XVI. Entwurf einer deutschen Civilprocessordnung nebst Begründung. Im k. preuss. Justizministerium bearbeitet 1871.

§ 32: Bei dem Gerichte der Klage kann eine Widerklage erhoben werden, wenn der Gegenstand der letztern mit dem Gegenstande der Klage oder einer Einrede in rechtlichem Zusammenhange steht·

Diese Bestimmung findet keine Anwendung, wenn der Gegenstand der Widerklage durch Vereinbarung nicht bei dem Gerichte der Klage geltend gemacht werden kann.

XVII. Entwurf einer **deutschen** Civilprocessordnung nebst dem Entwurf eines Einführungsgesetzes 1872.

§ 33. Bei dem Gerichte der Klage kann eine Widerklage erhoben werden, wenn der Gegenanspruch auch als Einrede geltend gemacht werden kann oder mit dem in der Klage geltend gemachten Anspruche in rechtlichem Zusammenhange steht.

Diese Bestimmung findet keine Anwendung, wenn die Zuständigkeit des Gerichts für eine Klage wegen des Gegenanspruchs auch durch Vereinbarung nicht würde begründet werden können.

Die hier versuchte Zusammenstellung lässt ersehen, wie das Jahr 1864 eine scharf ausgeprägte Cäsur in der Entwicklung unseres Rechtsinstitutes bildet und zwar sind folgende Punkte zu beachten:

1) In den Gesetzen, welche dem Hann. Entw. vorhergehen, sowie in dem ziemlich gleichzeitig entstandenen Preussischen Entwurfe ist der Gerichtsstand der Widerklage getrennt von den Bestimmungen über die Widerklage selbst geregelt. Dagegen fand man es bei den Hann. Entw. zweckmässig, (Prot. Bd. II. S. 505 ff.), die Bestimmungen über die Zulässigkeit der Widerklage von jenen über den Gerichtsstand der Widerklage prinzipiell nicht zu trennen, sondern beides nach Thunlichkeit gleichzeitig und gewissermassen und in einem Stück zu behandeln. Ebenso der Sächs. Entw. und die Württ. P. O., welche letztere den § 23 des Hann. Entw. von 1866 beinahe wörtlich wiedergegeben hat; ebenso aber auch die Bayr. P. O. sowie die beiden deutschen Entwürfe von 1871 und 1872; nur der Nordd. Entw. machte in dieser Richtung eine unverkennbare Ausnahme.

2) Das Erfordernis des **Zusammenhangs** wird erst in und seit dem Preuss. Entw., bezw. den Hann. Entwürfen und zwar in der Gestalt des rechtlichen Zusammenhangs als die Zulässigkeit der Widerklage bedingend genannt.

3) Vor dem Jahre 1864 war die Wiederklage nach einigen

Processordnungen generell ausgeschlossen, wenn das Gericht der Klage die für den Widerklageanspruch erforderliche Gattung der Gerichtsbarkeit nicht besass, so Hann. P. O. § 14 Hess. Entw. Art. 32 Ges. für Lippe § 4.[93] Im Anschlusse an die Entwürfe des Jahres 1864 wird mit Ausnahme des Sächs. Entw. von sämmtlichen späteren Gesetzen und Entwürfen die Möglichkeit, das Gericht der Klage für die Widerklage durch Prorogation zuständig machen zu können, als Voraussetzung für den Gerichtsstand der Widerklage aufgestellt (vgl. oben Nro. X. XI. XIII — XVII); die Hann. Vorlage des Referenten (XI, 1) drückte sich allerdings zum mindesten undeutlich aus. In welchen Fällen Prorogation ausgeschlossen sei, ist jedesmal ausdrücklich bestimmt.[94]

Im Uebrigen finden sich noch sehr verschiedenartige Ausnahmen. So wird mehrfach der Satz ausgesprochen: Gegen die Besitzklage findet eine Widerklage, welche das Recht selbst betrifft, nicht statt.[95] Der Nordd. Entwurf enthält in § 5 Regeln, welche ihrem wesentlichen Inhalte nach denen der §§ 18—20 R. G. V. G. (s. unten S. 86 ff.) entsprechen, während der Sächs. Entw. § 93 das Gegentheil sanktioniert wissen will. Eine ganz singuläre Bestimmung treffen endlich Hess. Entw. Art. 47 u. Bad. P. O. § 59, wonach in Processen zwischen Ausländern der Gerichtsstand der Widerklage nicht stattfinden soll.

Der Sächs. Entw. § 816 wollte den Ausschluss der Widerklage nur für den Wechselprocess anordnen, wogegen der Deutsche Entw. 1871 § 507 und 1872 § 527 Abs. 2 diese Ausschliessung auch auf den Urkundenprocess ausdehnte; die zwischen diesen Entwürfen aber zeitlich in der Mitte stehende Württ. P. O. Art. 860 Abs. 1 beschränkte die Widerklage im Wechselprocesse nur auf den Fall, dass der Gegenanspruch sich zugleich zu einer Einrede gegen die Klage eignet.

---

93) Ausserdem normirten einen ausschliesslichen Gerichtsstand der gelegenen Sache, welchem der Gerichtsstand der Widerklage weichen musste: Braunschw. P. O. § 10. Ges. f. Lippe § 9. Sächs. Entw. § 75.
94) Preuss. Entw. § 35. 1) Hann. Entw. § 33. 2) H. E. § 29. 3) H. E. § 28 4) H. E. § 29. 5) H. E. § 28. Württ. P. O. Art. 60. Bayr. P. O. Art. 38. Nordd. Entw. § 78. Deutsch. Entw. 1871 § 39 Abs. 2. 1872 § 40 Abs. 2.
05) Hess. Entw. Art. 775. Preuss. Entw. § 841. Hann. Entw: 1) § 237. 2) § 243. 3) § 250. 4) § 250. 5) § 247. Württ. P. O. Art. 350. Bayr. P. O. Art. 586.

Ueber den Einfluss der **sachlichen** Zuständigkeit der Gerichte auf die Zulässigkeit einer Widerklage und damit über das Verhältniss dieser Zuständigkeit zu dem Gerichtsstande der Widerklage enthielten die Processordnungen und Entwürfe vor 1864 die verschiedenartigsten Bestimmungen,[96] auf welche hier lediglich verwiesen werden kann, da ein näheres Eingehen auf dieselben zu weit führen würde. Die fernere Entwicklung aber verfolgte in der fraglichen Beziehung eine bestimmte Richtung, welche auch in dieser Uebersicht markiert werden muss. Schon die Hann. P. O. § 4 Abs. 2 nemlich liess dann, wenn vor dem Einzelrichter eine Widerklage erhoben wurde, deren Gegenstand dem Worte nach die einzelrichterliche Kompetenz überstieg auf sofort gestellten Antrag einer der Parteien **Verweisung** des ganzen Rechtsstreites an das vorgesetzte höhere Gericht eintreten. Diesem Principe folgten die Oldenb. P. O. Art. 10, die Bad. P. O. § 8, die Hann. Entwürfe 1) § 10. 2) § 7. 3) § 8. 4) § 8. 5) § 7. (Prot. Bd. II. S. 394), die Württ. P. O. Art. 22 und der Nordd. Entw. § 20. Der Sächs. Entw. § 86 Abs. 2 erweitert für den Fall der Wertsüberschreitung unbedingt die sachliche Zuständigkeit des Einzelrichters. Während der Deutsche Entw. von 1871 § 426 sich an den Preuss. Entw. von 1864, welcher die Verweisung nicht kannte, anschloss, erweiterten die Bayr. P. O. Art. 31 Abs. 4 und der Deutsche Entw. von 1872 § 441 die Zulässigkeit der Verweisung, jedoch forderte erstere keinen Antrag, letztere dagegen stimmt wesentlich mit § 467 R. C. P. O. überein, dessen Wurzel und Genesis durch das Bisherige hinreichend klar gelegt sein dürfte. Ergänzend kann hier nur noch zweierlei bemerkt werden: einmal ist anzunehmen, dass die der Hann. P. O. folgenden Gesetze und Entwürfe wie diese selbst die Widerklage dann zuliessen, wenn vor dem mit der höheren Zuständigkeit ausgerüsteten Gerichte eine Widerklage erhoben wurde, deren Gegenstand dem Werte nach zur Zuständigkeit des Einzelrichters gehört hätte; ferner kann ziemlich allgemein der Satz aufgestellt werden, dass, wo nicht Verweisung, sei es von

---

[96] Vgl. Braunschw. P. O. § 23 Abs. 2. Hann P. O. § 4. Lüb. P. O. § 12. 62. Hess. Entw. Art. 32. Ges. f. Lippe § 4. Preuss. Entw. § 57—59.

Amtswegen oder auf Antrag, statthaft ist, die Geltendmachung der Widerklage vor dem sachlich unzuständigen Gerichte der Klage nur durch Vereinbarung über dessen sachliche Zuständigkeit ermöglicht werden kann; von dem Gerichtsstande der Widerklage ist dann natürlich keine Rede, ausser, wenn zugleich die örtliche Zuständigkeit einer Erweiterung bedarf.

Die Zeit der Geltendmachung ist teils durch die Dauer des ersten Rechtszuges,[97] teils durch den Moment der Klagbeantwortung bestimmt.[98] Der Nordd. Entw. § 206 Abs. 1 lässt Widerklage so lange zu als Einreden vorgebracht werden können d. h. bis zum Schlusse der mündlichen Verhandlung (§ 304); nicht konnexe Widerklagen aber müssen schon vor dem auf die Klage anberaumten Verhandlungstermin zugestellt werden. Nur die Bayer. P. O. Art. 706 gestattete unter gewissen Bedingungen Erhebung einer Widerklage im zweiten Rechtszuge, ohne aber hier noch den Gerichtsstand der Widerklage zu gewähren.

Damit schliesst die rein geschichtliche Betrachtung über den Gerichtsstand der Widerklage ab. Der Zusammenhang des im II. Abschnitte darzustellenden gegenwärtig im Gebiete des deutschen Reiches geltenden Rechts mit dieser historischen Entwicklung, insbesondere die Bedeutung der letzten dreissig Jahre wird sich von selbst herausstellen, ohne dass immer auf die Vergangenheit zurückverwiesen werden müsste.

---

97) Braunschw. P. O. § 67 Abs. 2. Bad. P. O. § 36. 286. Preuss. Entw. § 30. Abs. 1. Bayr. P. O. Art. 31. 706. Deutsch. Entw. 1871 § 446 Abs. 2. 1872 § 464 Abs. 2.
98) Hann. P. O. § 14. 417. Hess. Entw. Art. 310 Abs. 1. Hann. Entw. 1) § 25 Abs. 2. 2) § 21. 3) § 23. 4) § 22. 5) § 23. Oldenb. P. O. Art. 22 § 1. Ges. f. Lippe § 4. Lüb. P. O. § 62. Ges. f. Sachs.-Mein. Art. 73. Sächs. Entw. § 86. Württ. P. O. Art. 49

II. Der Gerichtsstand der Widerklage nach der Civilprocessordnung für das deutsche Reich.

1. Voraussetzungen im Allgemeinen.

Die Voraussetzungen des Gerichtsstandes der Widerklage sind mit denen der Widerklage nur insoweit identisch, als natürlicherweise der Gerichtsstand nicht geltend gemacht werden kann, wenn eine Widerklage überhaupt unzulässig ist, während nicht überall, wo Widerklage *in abstracto* zulässig wäre, *in concreto* auch der Gerichtsstand gewährt ist. Die C. P. O. kennt nur eine solche besondere Voraussetzung; es ist die des § 33 Abs. 2. Da auch diese neben denen der Widerklage selbst meistens erfüllt sein wird so ist der betreffende Rechtssatz von dem Gesetzgeber der Regel als Ausnahme gegenüber gestellt worden; dieselbe Stellung soll auch hier beibehalten werden, d. h. es sollen jene Fälle, in welchen die besondere Voraussetzung nicht erfüllt ist, als Ausnahmen zur Darstellung gelangen. Und zwar sind es Ausnahmen vom Gerichtsstande der Widerklage: diese ist unstatthaft, weil der Gerichtsstand ausgeschlossen ist. Wenn das Gericht der Klage ohnehin Zuständigkeit für den Widerklageanspruch besitzt, so ist auch wegen nicht vermögensrechtlicher Ansprüche z. B. Widerklage zulässig, obgleich hiefür kein Gericht durch Vereinbarung zuständig gemacht werden kann. Das Gesetz vermöchte zu dem Gegenteil verführen, wenn man nicht beachtete, dass § 33 Abs. 2 ein für die Widerklage an sich nicht zuständiges Gericht voraussetzt."⁹ Diese Voraussetzung erhellt aus dem Inhalte des Abs. 2 selbst, denn nur von einem unzuständigen Gerichte kann man die Frage

---

99) Loening a. a. O. S. 60. 61 u. 64.

aufwerfen, ob seine Zuständigkeit durch Vereinbarung begründet werden könne oder nicht.

Loening a. a. O. S. 59 ff. behauptet nun, dass auch § 33 Abs. 1 nur vom Gerichtsstande der Widerklage spreche, nur diesen nicht das Rechtsinstitut der Widerklage überhaupt regle und dass demnach der Zusammenhang zwischen Klage und Widerklageanspruch bezw. zwischen diesem und einer gegen die Klage vorgebrachten Einrede nur ein Requisit des Gerichtsstandes der Widerklage nicht aber der Widerklage selbst bilde. Während nach der hier vertretenen Meinung Ansprüche des Beklagten, welche dem Erfordernis des Zusammenhangs nicht genügen, den Gegenstand einer Widerklage überall nicht bilden können, ist eine notwendige Konsequenz der Auffassung Loenings, dass solche Widerklagen wenigstens dann zulässig sind, wenn das Gericht der Klage für den Gegenanspruch des Beklagten ohnehin zuständig ist.[100] Loening führt zur Begründung seiner Ansicht Folgendes an: Vor Allem müsse dieselbe aus der Stellung des § 33 in dem die officielle Ueberschrift „Gerichtsstand" führenden 2. Titel des 1. Abschnittes im 1. Buche abgeleitet werden. Allein der Gesetzgeber ist durch solche allgemeine Ueberschriften nicht gehindert, einen Rechtssatz dahin zu stellen, wo es der innere Zusammenhang mit andern Rechtssätzen fordert, wenn auch jener nicht in dasselbe *genus* von Rechtsinstituten gehört wie diese. Sowie noch an andern Stellen der C. P. O., nemlich im 6. und 8. Buche zahlreiche besondere Gerichtsstände normiert sind, obwohl *ex professo* das 1. Buch a. a. O. hievon handelt, ebensogut kann daselbst eine Rechtsnorm Platz finden, welche rein systematisch betrachtet unter eine andere Rubrik gestellt werden müssen. Wenigstens lässt sich mit Zweckmässigkeitsrücksichten (vgl. Hann. Prot. Bd. II S. 505 ff. und hier S. 38.) die Zusammenstellung von Bestimmungen über die Widerklage mit jenen über den Gerichtsstand der Widerklage nicht schwerer rechtfertigen, als die Trennung der Gerichtsstände des 6. und 8. Bch. von dem den „Gerichtsständen" gewidmeten Titel des 1. Bchs. Ebenso kann nicht zugegeben werden, was Loening weiter vorbringt, dass § 33

---

100) Loening a. a. O. S. 98.

Abs. 1 schon um deswillen nur die Anbringung der Widerklage bei einem an sich zuständigen Gerichte betreffen könne, weil Abs. 2, ohne dies ausdrücklich zu bemerken, ein unzuständiges Gericht im Auge habe und durch seine auf Abs. 1 verweisende Fassung, eine Ausnahme von der Regel des Abs. 1 aufstellen wolle. Vielmehr folgt aus dieser Fassung des Abs. 2 nur mit noch grösserer Sicherheit als aus der Stellung des § 33 und der unterscheidungslosen Ausdrucksweise des Abs. 1, dass die in denselben enthaltenen Bestimmungen über die Widerklage sich auch auf den Fall der Erhebung einer Widerklage vor dem an sich unzuständigen Gerichte, also im Gerichtsstande der Widerklage, beziehe, für welchen letzteren Fall eine Ausnahme gemacht werden soll. Gegen Loening sprechen entschieden die Worte am Anfang des Abs. 1.: „Bei dem Gerichte der Klage;" wollte das Gesetz hier lediglich den Gerichtsstand der Widerklage sanktionieren, so musste Abs. 1 entweder ausdrücklich von Erhebung der Widerklage bei einem für dieselbe an sich nicht zuständigen Gerichte sprechen oder wie der Nordd. Entw. sich darauf beschränken, das Gericht der Klage als für die Widerklage zuständig zu bezeichnen. Gerade der Umstand, dass die C. P. O. mit den drei deutschen Entwürfen (1871. 1872. 1874.) die in den Hann. Entw. beliebte unterscheidungslose Fassung gewählt hat, beweisst die Absicht, wie dort gelegentlich des Gerichtsstandes der Widerklage auch die Voraussetzungen der Widerklage selbst, somit die Bedingungen der Erhebung einer Widerklage überhaupt, nicht gerade blos im Gerichtsstande der Widerklage zu regeln. In der That äussern sich die Motive zum Entwurf keineswegs so unbestimmt wie Loening S. 58 annimmt. Unklar scheint die Darstellung der Motive S. 62. 205 (H. II, 1 S. 158. 274) nur durch den Ausdruck „Zulässigkeit der Erhebung einer Widerklage im Gerichtsstande der Klage." Aber es geht eben aus der Wahl dieses Ausdruckes hervor, dass die Motive an den betreffenden Stellen nicht von der Zulässigkeit der Erhebung einer Widerklage im Gerichtsstande der Widerklage, sondern von der Zulässigkeit einer solchen „bei dem Gerichte der Klage" schlechthin sprechen wollen, ohne zwischen einen für die Widerklage an sich zuständigen und nicht an sich zuständigen Gerichte zu unterscheiden.

1. Voraussetzungen im Allgemeinen.

Gegenüber der hier vertretenen Anschauung kann das von Loening an dritter Stelle gebrachte Argument gar nicht geltend gemacht werden, weil es eben nur die auch hier behauptete beschränkte Anwendbarkeit des Abs. 2 nicht aber den beschränkten Inhalt des Abs. 1 beweist.

Ein Umstand jedoch verdient noch Beachtung, den übrigens Loening nicht hervorhebt, obwohl demselben grössere Bedeutung zukommt, als den mehr oder minder formellen Bedenken, welche a. a. O. vorgetragen werden. Es ist die Bestimmung des § 232 Abs. 1:

„Mehrere Ansprüche des Klägers gegen denselben Be-
„klagten können, auch wenn sie auf verschiedenen Gründen
„beruhen, in einer Klage verbunden werden, wenn für sämmt-
„liche Ansprüche das Processgericht zuständig und dieselbe
„Processart zulässig ist." [101]

Danach ist der Kläger befugt, mehrere Ansprüche in einer Klage geltend zu machen, ohne Rücksicht darauf, ob dieselben untereinander in irgend einem Zusammenhange stehen oder nicht. Nun darf es allerdings nicht nur als unbillig, sondern auch formell als ungerecht bezeichnet werden, wenn dem Beklagten in Geltendmachung seiner Rechte eine Beschränkung auferlegt wird, von welcher der Kläger in einem analogen Falle frei bleibt. Und es scheint sonach in der That dem Grundsatze von der Gleichberechtigung der Parteien im Processe zu widersprechen, wenn dem Kläger die Möglichkeit eröffnet ist, mehrere Ansprüche auch in Ermangelung eines unter denselben bestehenden Zusammenhangs in einem Verfahren zu vereinigen, während dem Beklagten nicht erlaubt würde, die Vereinigung des Rechtsstreites über mehrere Ansprüche in einem Verfahren von sich aus durch Erhebung einer Widerklage zu veranlassen, ausser unter der lästigen Bedingung des Zusammenhangs zwischen seinem Anspruche und dem seitherigen Processinhalte.

Allein abgesehen davon, dass dem Kläger die Einheit des Verfahrens über seine mehreren Ansprüche keineswegs garantirt wird (§ 136 Abs. 1), ist auch die scheinbar gestörte Gleichheit der Parteirechte an einem andern Orte wiederhergestellt. Der Kläger nem-

---

[101] Zu dem Folgenden vgl. unten II, 3a über den Satz reconventio reconventionis non datur.

lich kann mehrere Ansprüche nur durch gleichzeitiges nicht durch successives Vorbringen zum Gegenstande eines und desselben Verfahrens machen, er ist also mit seinem Anspruche auf solche Vereinigung immer an die Wahrung der Einlassungsfrist gebunden. Der Beklagte dagegen ist mit seiner Widerklage von jeder Frist, selbst von der für die Klagebeantwortung (§ 244) sowie von der in § 245 gesetzten Frist unabhängig; für den Beklagten bildet in dieser Richtung nur der Schluss der mündlichen Verhandlung eine Grenze. Würde nun dem Beklagten gestattet, unter der Voraussetzung, dass das Gericht der Klage an sich für die Widerklage zuständig ist, eine solche zeitlich und materiell unbeschränkt zu erheben, so wäre hiedurch der Grundsatz der Gleichberechtigung der Parteien im Processe verletzt, wie er auch verletzt wäre, wenn dem Kläger bei der objektiven Klagenhäufung ausser der zeitlichen Schranke noch die materielle des Zusammenhangs zwischen den zu verbindenden Ansprüchen gezogen würde. Im ersteren Falle wären Kläger und Beklagter materiell unbeschränkt, der Beklagte dagegen ausserdem noch zeitlich weniger beschränkt als der Kläger; im letzteren Falle wären Kläger und Beklagter materiell ziemlich gleich beschränkt, zeitlich aber hätte der Beklagte wieder mehr Spielraum als der Kläger. Immer also wäre der Beklagte durch geringere zeitliche Schranken privilegiert. Diesem Privileg gegenüber stellt § 232 Abs. 1 das Gleichgewicht wieder her, wie umgekehrt der Beklagte für seine grössere materielle Beschränkung in der grösseren Freiheit hinsichtlich des Zeitpunktes ein Aequivalent hat. Gegen ein trotzdem aus § 232 entnommenes Argument spricht aber noch, dass die neuere Gesetzgebung die Tendenz zeigt, die Zulässigkeit der Widerklage zu beschränken (vgl. Loening S. 58 und hier I, 4 b.) und dass eine Abweichung von dieser Tendenz auf Kosten des Grundsatzes der Gleichberechtigung der Parteien nicht wohl angenommen werden darf. Es kann also auch aus § 232 die Richtigkeit der Ansicht Loenings nicht abgeleitet werden.

Betrachtet man nun unbefangen den § 33, so lässt das Gesetz zunächst Nichts anderes entnehmen, als dass der Zusammenhang des Widerklageanspruchs mit dem Inhalte des anhängigen Processes

Bedingung ist für die **Erhebung der Widerklage bei dem Gerichte der Klage**. Da aber der Begriff der Widerklage fordert, dass sie bei dem Gerichte der Klage erhoben werde (vgl. Einleitung), die **Erhebung bei dem Gerichte der Klage** folglich selbst eine **Existenzbedingung für die Widerklage** *in abstracto* ist, so müssen die Bedingungen, an welche das Gesetz die Zulässigkeit der Erhebung einer Widerklage bei dem Gerichte der Klage knüpft, **jede** Widerklage treffen, welche unter der Herrschaft dieses Gesetzes Existenzberechtigung geniessen will. Durch die Worte „Bei dem Gerichte der Klage," welche offenbar traditionell aus den grundlegenden Hann. Entwürfen (1864—1866) herübergenommen sind, wird also nur ein begriffliches Moment der Widerklage hervorgehoben, welches erst dann eine gesteigerte Bedeutung erlangt, wenn das Gericht der Klage für den Gegenanspruch nicht an sich zuständig ist. Dass aber der fragliche Ausdruck mehr in sich begreift, als dieses zuletzt bezeichnete Verhältnis würde auch für die Hann. Entw. unzweifelhaft anzunehmen sein, selbst wenn die oben in Bezug genommenen und in den Protokollen der Hann. Kommission niedergelegten Erklärungen nicht abgegeben worden wären. Der § 33 sagt also: Widerklage kann unter der Voraussetzung des Zusammenhangs bei jedem Gerichte der Klage erhoben werden, gleichviel ob dieses an sich für den Widerklageanspruch zuständig ist, oder nach den sonstigen Gerichtsstandsregeln Zuständigkeit für denselben nicht besitzt; im letzteren Falle jedoch kommt zu den in Abs. 1 aufgeführten Bedingungen der Erhebung einer Widerklage (Zusammenhang und Erhebung bei dem Gerichte der Klage) noch die weitere hinzu, dass die Unzuständigkeit durch Vereinbarung könnte gehoben werden. Der Abs. 2 bildet sonach formell eine Ausnahme von den Bestimmungen über die Erhebung einer Widerklage, sachlich eine Ausnahme von der auch in Abs. 1 aufgestellten Regel für den Gerichtsstand der Widerklage.

Dieser ist sonach in § 33 der Civilprocessordnung für das deutsche Reich an folgende allgemeine Voraussetzungen [102] geknüpft:

---

102) Eine nur unter besonderen Umständen zu erfüllende Voraussetzung ist aus § 243 Abs. 4 und § 247 Abs. 2 Ziff. 3 zu entnehmen; s. Loening a. a. O. S. 120 Die S. 119 daselbst genannte Voraussetzung ist materiellrechtlicher Natur.

a) Rechtshängigkeit einer Klage bei einem ordentlichen Gerichte[103] gegen Denjenigen, welcher Widerklage erheben will.

b) Bestimmter Zusammenhang des Gegenstandes der Widerklage mit dem Inhalte des anhängigen Rechtsstreites.

c) Unzuständigkeit des Gerichtes der Klage für den Gegenanspruch und zugleich Möglichkeit, die Zuständigkeit dieses Gerichtes für die Widerklage vereinbaren zu können.

d) Nicht ist Voraussetzung die Anbringung der Widerklage in der gleichen Processart wie die schon rechtshängige Klage.[104]

2. Die einzelnen Voraussetzungen.

a) Rechtshängigkeit einer Klage.

Die Erhebung einer Widerklage setzt die Rechtshängigkeit einer Klage notwendig voraus; dies ergiebt sich aus der Art wie die Rechtshängigkeit begründet wird; § 235 Abs. 1 sagt: „Durch die Erhebung der Klage wird die Rechtshängigkeit der Streitsache begründet", womit zu verbinden ist § 230 Abs. 1: „Die Erhebung der Klage erfolgt durch Zustellung eines Schriftsatzes." In der Rechtshängigkeit der Streitsache ist die der Klage enthalten. Vor diesem Zeitpunkte wird nicht nur der zu Beklagende von der Verwirklichung einer Absicht zu klagen, regelmässig keine Kenntnis haben und schon deshalb nicht in der Lage sein, Widerklage zu erheben; vor diesem Zeitpunkte ist aber insbesondere die nötige dauernde Verbindung der Klage mit dem Gerichte, wodurch dieses zum „Gerichte der Klage" wird, noch nicht vorhanden; vorher kann sohin auch noch nicht von einem Gerichte der Klage, bei welchem

---

E. G. z. G. V. G. § 11 Abs. 2. betr. die Vorentscheidung darüber, ob sich ein Beamter der Verletzung einer Amtspflicht schuldig gemacht habe, besteht einmal wie die vorgenannte Voraussetzung für jeden derartigen Anspruch, bildet aber ausserdem auch eine materielle Voraussetzung, insoferne der Anspruch gegen den Beamten gar nicht begründet ist, wenn die vorgesetzte Behörde die Vorfrage verneint hat. Jedenfalls haben diese beiden Voraussetzungen keine spezielle Beziehung auf die Widerklage oder den Gerichtsstand der Widerklage.

103) E. G. z. C. P. O. § 3.

104) Dies war gemeinrechtlich Voraussetzung des simultaneus processus; vgl. Planck Mehrheit S. 355. Wetzell System S. 508. 824.

die Widerklage anzubringen wäre, die Rede sein. Obwohl Erhebung der Klage und Rechtshängigkeit zeitlich nicht zu trennen sind — Zustellung ist nur der letzte Augenblick des Zustellungsaktes, d. h. die vollzogene Zustellung — wurde doch die Rechtshängigkeit als den Erfolg der Klagehandlung, das ruhende Moment darstellend, zur Bezeichnung der fraglichen Voraussetzung dem Ausdrucke „Erhebung der Klage" vorgezogen, weil hiebei die Klage in ihrer Bewegung erscheint.

Der § 33 ordnet das Rechtsinstitut der Widerklage nur für die bürgerlichen Rechtsstreitigkeiten, welche vor die ordentlichen[105] Gerichte gehören (Anm. 103), für die ausserordentlichen, d. h. die besonderen Gerichte (G. V. G. § 14) entscheiden die einschlägigen besonderen Gesetze, wobei natürlich nicht ausgeschlossen ist, dass diese die Bestimmungen des C. P. O. für anwendbar erklären (E. G. z. C. P. O. § 3 Abs. 2). Der § 33 ist bindend nur für das Verfahren vor den ordentlichen Gerichten; Schiedsrichter bilden kein Gericht im technischen Sinne (G. V. G. § 12); in dem Rechtsstreite vor Schiedsrichtern wäre bezüglich der Zulässigkeit von Widerklagen der Schiedsvertrag massgebend (vgl. oben Text nach Anm. 60).[106]

Die Rechtshängigkeit muss zur Zeit der Erhebung der Widerklage und bei dem für die Klage sachlich und örtlich zuständigen Gerichte bestehen, gleichviel ob die Zuständigkeit auf Grund gesetzlicher Bestimmung oder zu Folge von Prorogation gegeben ist. Würde z. B. gegenüber einer mit Verletzung des § 25 angebrachten dinglichen Klage, Widerklage unter Geltendmachung des Gerichtsstandes der Widerklage erhoben, so wäre erstere Klage als nicht rechtsgültig gestellt zu erachten und damit die Widerklage unmöglich (vgl. Loening a. a. O. S. 37. 39).

b) Zusammenhang.

Der deutsche Ausdruck „Zusammenhang" ist für den früher üblichen „Konnexität" gesetzt, welcher übrigens noch in der Be-

---

105) In jenen Ländern, in welchen deutsche Konsuln Gerichtsbarkeit ausüben, ist das Konsulargericht für die beklagten Deutschen und Schutzgenossen des deutschen Reiches ordentliches Gericht. R. G. über die Konsulargerichtsbarkeit v. 10. Juli 1870 § 1 Loening S. 35.
106) Loening a. a. O. S. 35.

gründung des Entwurfs zu § 33 gebraucht wird. Der Zusammenhang hat also gleiche Bedeutung mit Verbindung, Beziehung, ohne dass jedoch hiemit ein inneres Verhältnis zwischen den in Klage und Widerklage verfolgten Ansprüchen verlangt wird; es genügt Zusammenhang mit einer Einrede, z. B. einer zulässigen Kompensationseinrede, obgleich durch deren Vorbringen der ihr zu Grunde liegende Anspruch in eine rein äusserliche Verbindung mit dem Klageanspruch tritt.

Der Zusammenhang kann sowohl ein thatsächlicher als ein rechtlicher sein. Das Gesetz verlangt nur Zusammenhang nicht wie der dem Reichstage vorgelegte Regierungsentwurf[107] rechtlichen Zusammenhang. Die Grenze zwischen beiden Arten genauer zu ziehen, als es durch die Worte „thatsächlich" und „rechtlich" ohnehin geschieht, ist bei der Unmöglichkeit, alle Fälle zu berücksichtigen, höchst schwierig. Der von verschiedenen Kommentatoren z. B. Seuffert S. 140, Endemann I. S. 486 Hellmann I. S. 437 gemachte Versuch, den Begriff des rechtlichen Zusammenhangs[108] zu fixieren, braucht in der Lehre vom Gerichtsstande der Widerklage nicht wiederholt zu werden, da in dieser Richtung der Unterschied ganz gleichgiltig ist, während er z. B. wichtig wird im Falle des § 136 Abs. 2.

Zusammenhang muss aber entweder „mit dem in der Klage geltend gemachten Anspruch" oder „mit den gegen denselben vorgebrachten Verteidigungsmitteln" bestehen. Danach eignet sich selbstverständlich auch derjenige Anspruch zur Widerklage der mit einem verteidigungsweise geltend gemachten identisch ist.

Ueber den Fall des Zusammenhangs mit vorgebrachten Verteidigungsmitteln besteht Streit in der Literatur; der § 33 des Entwurfs enthielt nemlich den Satz:

„wenn der Gegenanspruch auch als Einrede geltend gemacht „werden kann."

Die gegenwärtige Fassung des Abs. 1 wurde in der Justizkommission des Reichstages angenommen, nachdem der Antragsteller

---

107) Bezüglich der früheren Entwürfe und Gesetze vgl. hier I, 4 b X. XIV. XVI. XVII; Sarwey zu § 33.

108) Vgl. über diesen Begriff Loening a. a. O. S. 90 ff.

(Bähr) dieselbe damit motiviert hatte, „dass sie dem Sinne des Entwurfs entspreche und nur dessen Klarstellung bewirke."[109] Nun stimmt aber die jetzige Fassung des Gesetzes mit der des Entwurfs inhaltlich ebenso wenig wie im Wortlaute überein; ja Entwurf und Gesetz stehen sich an diesem Punkte unvereinbar gegenüber, indem letzteres zum Teil weniger, zum Teil mehr verlangt als jener. Dort wurde die **Fähigkeit** des Anspruchs, als Einrede verwendet zu werden, also **Identität mit rechtlich zulässigen** Vertheidigungsmitteln (soferne diese auf Ansprüchen beruhen), gefordert, hier dagegen ist die **Thatsache des Vorbringens** von Verteidigungsmitteln vorausgesetzt und wird nur Zusammenhang, aber **Zusammenhang** mit thatsächlich vorgebrachten Verteidigungsmitteln zur Bedingung gemacht. Ausserdem ist die Zulässigkeit der Widerklage im Gesetze gegenüber den Bestimmungen des Entwurfs noch in der Richtung erweitert, dass letzterer **Identität** des Widerklageanspruchs mit einem als **Einrede** im engeren Sinne verwendbaren **Anspruche** forderte, während nunmehr **Zusammenhang mit einem beliebigen Verteidigungsmittel** genügt.[110] Angesichts dieser Differenz zwischen Gesetz und Entwurf muss man sich jedenfalls für den Anschluss an die Worte des Gesetzes entscheiden und darf die Widerklage nur dann für zulässig erklären, wenn ihr Gegenstand entweder mit dem Kloganspruch oder mit wirklich vorgebrachten Verteidigungsmitteln zusammenhängt. Allein dem ist die Modifikation beizufügen, dass das jeweilige Verteidigungsmittel **nicht nur vorgebracht, sondern auch rechtlich zulässig** sein muss.[111] Andernfalls würde die von dem Gesetze zweifellos gewollte Beschränkung sehr leicht zu umgehen sein, indem jeder beliebige Anspruch einfach dadurch zu einem widerklagefähigen gemacht werden könnte, dass er zunächst mittels Kompen-

---

109) Prot. d. J. K.S. 14 (H. II, 1 S. 534).
110) Vgl. Looning a. a. O. 94. 95.
111) So Hellmann I. S. 145. Kah S. 57. Petersen I. S. 100. 101. Pucholt I. S. 186 Sarwey S. 73. 74. Seuffert S. 33 nr. 1. Wilmowski u. Lewy S. 57. Ohne diese Beschränkung: Gaupp I. S. 107. Kleiner I. S. 214. Struckmann-Koch S. 23. Looning a. a. O. S. 94 ff. Übel I. S. 38 fordert unklar materielle Konnexität mit den Einreden oder Fähigkeit des Gegenanspruchs zur Einrede.

sationseinrede vorgebracht würde, ohne Rücksicht darauf, ob er sich hiezu eignet oder nicht.[112] Um zu diesem Resultat zu gelangen, braucht man aber weder die Motive, noch „ein dem deutlichen Wortlaut (des Gesetzes) fremdes Element hereinzubringen"; vgl. Struckmann-Koch a. a. O. Vielmehr ergiebt sich die Richtigkeit obiger Behauptung mit aller wünschenswerten Gewissheit aus der Nichtannahme eines von dem Abgeordneten Reichensperger in der J. K. gemachten Vorschlags, den § 33 zu fassen, wie folgt:[113]

„Bei dem Gerichte der Klage können alle Widerklagen „erhoben werden, soferne nicht die Zuständigkeit des „Gerichts für eine Klage wegen des Gegenanspruchs auch „durch Vereinbarung begründet werden kann."

Durch Ablehnung dieses Antrages hat die J. K. deutlich genug zu erkennen gegeben, dass sie das Princip desselben (vgl. die Bemerkung v. Amsberg's a. a. O.) nicht billige; es ist demnach undenkbar, dass sie die in der Forderung des Zusammenhangs liegende Beschränkung in der Forderung des Vorgebrachtseins habe zurücknehmen wollen; ganz abgesehen von der Inkonsequenz, die in einem solchen Verfahren gefunden werden müsste und welche dem Gesetzgeber hier vollkommen grundlos vorgeworfen würde.

An diesen Punkt lässt sich eine weitere Frage anknüpfen: Wie dann, wenn das Verteidigungsmittel nicht nur geeignet ist, als solches verwendet zu werden, sondern auch wirklich vorgebracht, aber in Anwendung des § 252 zurückgewiesen wurde und nun der Beklagte sofort Widerklage erhebt? Kann der Gerichtsstand der Widerklage für einen auf diesem Wege geltend gemachten Anspruch angerufen werden. Man wird die Frage zu verneinen haben, wenn durch die Zurückweisung des Verteidigungsmittels die Widerklage selbst unzulässig geworden ist. Es liegt die Versuchung nahe, diese Frage zu bejahen, denn § 252 spricht nur von Verteidigungs-

---

112) Vgl. über diesen Punkt Hann. Prot. Bd. II. S. 512. 513. und Bd. XIII. S. 4825. 4826; ferner hier Anm. 90.

113) Prot. der J. K. S. 12 u. 21 (H. II, 1 S. 534. 540); der von demselben Abg. vorgeschlagene Abs. 2 kommt hier nicht in Betracht. Reichensperger wiederholte seinen Antrag in etwas modificirter Fassung zu § 130 (§ 136), zog ihn aber freiwillig zurück.

2. Die einzelnen Voraussetzungen. b) Zusammenhang.

mitteln und der in erster Lesung der J. K. gestellte Antrag des Abgeordneten Eysoldt, am Schlusse des Paragraphen den Satz anzufügen:

„ingleichen können Angriffs- oder Verteidigungsmittel, „welche nachträglich vorgebracht werden, zurückgewiesen „werden, wenn dieselben aus grober Nachlässigkeit nicht „früher vorgebracht worden sind",

wurde abgelehnt.[114] Das Resultat könnte zwar noch einigermassen befriedigen, wenn die Zulässigkeit der Widerklage auf den Zusammenhang mit einem als verspätet zurückgewiesenen Verteidigungsmittel gestützt wird. Hier möchte die Kostenstrafe nach § 251 und, wo thunlich, die Verweisung zu gesondertem Process nach § 136 Abs. 2[115] zum Schutze des Klägers genügend erscheinen. Aber geradezu absurd wäre die Zulassung der auf Grund einer nach § 252 zurückgewiesenen Kompensationseinrede erhobenen Widerklage, wenn der fragliche Anspruch mit dem Klaganspruch im rechtlichen Zusammenhange steht und folglich Verweisung zu gesondertem Process unstatthaft ist. Hier wäre die in ihrer materiellen Wirkung schwächere Kompensationseinrede aus dem Verfahren über die Klage ausgewiesen, derselbe Anspruch des Beklagten aber auf dem Wege der materiell stärker wirkenden Widerklage in das Verfahren wieder eingeführt, aus dem er soeben ausgeschieden worden war. Muss dies schon misstrauisch gegen obige Argumente machen, so kann man sich bei näherer Betrachtung auch von deren Haltlosigkeit überzeugen. Da nemlich, wie vorhin dargethan wurde, die Widerklage auf ein Vorbringen nicht gestützt werden kann, welches materiell die Kraft eines Verteidigungsmittels nicht besitzt, so kann dies um so weniger möglich sein, wenn das Vorbringen, auf Grund dessen nachträglich Widerklage erhoben werden will, als processualisch unzulässig aus dem Processinhalt wieder ausgeschieden ist. In beiden Fällen erscheint das Vorbringen als ein unwirksames, nichtiges; was aber nichtigerweise vorgebracht wird, muss als nicht vorgebracht angesehen werden. Da sich nun aus den

---

114) Prot. d. J. K. S. 89. 90. (H. II, 1 S. 594); vgl. Mot. zu § 242 des Entwurfs.

115) Auf diese Aushilfe verlassen sich die Motive S. 206 (H. II, 1 S. 274).

Protokollen der Justizkommission die Gründe der Ablehnung des Eysoldt'schen Antrages nicht ersehen lassen, so steht es frei, anzunehmen, dass die J. K. die Unzulässigkeit einer in der gedachten Weise angebrachten Widerklage als selbstverständlich betrachtete. Demnach kann aus § 252 und bezw. der Ablehnung des mehrerwähnten hiezu gestellten Antrages ein Argument gegen die hier vertretene Meinung um so weniger entnommen werden, als gegebenen Falls die Widerklage nicht als eine verspätete, sondern als eine den Voraussetzungen des § 33 Abs. 1 nicht entsprechende zurückgewiesen würde.

Da wird es nun wichtig, ob man § 33 Abs. 1 nur auf den Gerichtsstand der Widerklage oder auf die Widerklage selbst bezieht. Denn ersteren Falls kann eine Widerklage, für welche das Gericht der Klage ohnehin zuständig ist, nie wegen mangelnden Zusammenhangs für unstatthaft erklärt werden und wenn dann der Beklagte eine Widerklage erhebt, welche denselben Anspruch verfolgt, den er vorher oder gleichzeitig mit einer als verspätet zurückgewiesenen Kompensationseinrede geltend gemacht hat, so ist die Widerklage zulässig, während sie aus den angeführten Gründen als unstatthaft angebrachtermassen abgewiesen werden muss, sobald mit der Widerklage der besondere Gerichtsstand angerufen wird. Es wäre das eine völlig ungerechtfertigte Differenz in der Entscheidung zweier Rechtsfälle, welche gerade in dem relevanten Punkte gleich gelagert sind. In dem einen wie in dem andern Falle erscheint es gleich unerträglich, wenn derselbe Anspruch des Beklagten in der materiell schwächer wirkenden Form aus dem Verfahren über die Klage zurückgewiesen, gleichzeitig oder fast gleichzeitig aber in einer materiell stärker wirkenden Form in den Processstoff aufgenommen wird; § 252 wäre dadurch illusorisch gemacht. Warum aber der Beklagte eine günstigere Stellung haben soll, wenn er den Kläger in dessen ordentlichem Gerichtsstande mit Widerklage belangt oder gar dann, wenn das Gericht der Klage zufällig aus einem besonderen Grunde das für den Anspruch des Beklagten örtlich zuständige Gericht ist, wird Niemand einsehen oder begründen können. Der Umstand, dass Kläger bei dem Gerichte der Klage einen Gerichtsstand hat, kann unmöglich auf die Wirksamkeit des § 252 entscheidenden nachteiligen Einfluss üben, da die Gerichtsstandspflicht hier gar nicht in Betracht gezogen ist.

Die Bemerkung von Kleiner I. S. 214, dass § 33 Widerklagen, welche mit Repliken, Dupliken u. s. w. in Zusammenhang stehen, ausschliesse, ist unrichtig bezüglich der letzteren, weil auch diese wenigstens indirekt als Verteidigungsmittel des Beklagten gegen den Klaganspruch dienen, z. B. A klagt auf Zahlung des Kaufpreises, B bringt die Einrede der mangelnden Erfüllung, A die Replik, dass die Sache untergegangen sei und Käufer die Gefahr trage; wenn nun B dagegen einwendet, A trage Schuld am Untergange, so ist diese Duplik ebensowohl Verteidigungsmittel gegen den Klaganspruch selbst wie gegen die Replik. Dieselbe kann also einer Widerklage auf Leistung des Interesse wegen Nichterfüllung zur Grundlage dienen. Bezüglich der Repliken ist Kleiner jedenfalls soweit im Unrecht, als durch den Zusammenhang mit solchen ein Zusammenhang mit dem Klageanspruch selbst hergestellt werden kann; im Uebrigen ist Kleiner allerdings zuzustimmen, da die Replik kein gegen den Klaganspruch vorgebrachtes Verteidigungsmittel ist.

Ein besonderer Fall des Zusammenhangs ergiebt sich, wenn der Klage auf den Besitz eine auf das Recht selbst gerichtete Widerklage entgegengesetzt wird, oder das Umgekehrte eintritt. Es mag gleich hier erwähnt werden, dass unter dem Ausdruck „das Recht selbst" nicht blos das Eigentum, sondern jedes *ius in re aliena,* nicht nur das Recht an der Sache, sondern auch das Recht auf den Besitz verstanden werden darf. Der Zusammenhang ist immer gegeben, wo es sich nicht um verschiedene Objekte handelt, denn die Ansprüche beider Streitsteile treffen darin zusammen, dass jeder die Herrschaft über dieselbe Sache geltend macht. Die Zulässigkeit einer Widerklage ist hier wegen § 232 Abs. 2 geläugnet worden.[116] Allein das Gesetz verbietet nur, dass die „Besitzklage" und „die Klage, durch welche das Recht selbst geltend gemacht wird", in einer Klage verbunden werden, nicht verbietet es die Verbindung derselben in einem Verfahren überhaupt, insbesondere

---

116) So Seuffert S. 261 no. 9. Siebenhaar S. 255. Peuchelt II. S. 49. Bülow S. 169. Schelling Lehrbuch des deutschen C. P. S. 170.

soll auch nach den Motiven S. 186 (H. II, 1 S. 258) nur die Kumulation ausgeschlossen werden; als solche wird aber die Vereinigung von Klage und Widerklage in einem Verfahren nicht zu erachten sein.[117]

Die Frage wird für den Gerichtsstand der Widerklage selten praktische Bedeutung erlangen, da bei denselben, abgesehen von der oben erwähnten Möglichkeit, dass Klage und Widerklage das gleiche Objekt haben, wegen § 25 nur bewegliche Sachen in Betracht kommen und über solche ein Besitzstreit nicht oft vorkommen wird. Ein Beispiel würde folgender Fall bieten: A klagt mit *hereditatis petitio* gegen B auf Herausgabe von Erbschaftssachen; B hat früher noch andere und zwar bewegliche Sachen aus derselben Erbschaft besessen, den Besitz derselben aber verloren; A hat den Besitz erlangt und B macht nun widerklageweise das *interdictum utrubi* geltend. Zur Rechtfertigung dieses Beispiels sei bemerkt, dass § 232 zwar dasselbe Objekt, nicht aber dieselbe Sache als durch Klage und Widerklage in Anspruch genommen voraussetzt. Soweit sich die Widerklage als Präjudicialfeststellungswiderklage darstellt, kann sie aus einem später darzulegenden Grunde hier nicht berücksichtigt werden.

Durch das Erfordernis des Zusammenhangs wird einer unbilligen Ausdehnung des Gerichtsstandes nicht minder, wie einer unzweckmässigen Vereinigung mehrerer Streitsachen in einem Verfahren Mass und Ziel gesetzt. Der Gerichtsstand der Widerklage ist aber deshalb keineswegs ein *forum connexitatis*;[118] denn der erstere hat ein selbstständiges Dasein und trägt seinen Wert in sich selbst; es ist also unnötig und unzulässig, zu dessen Unterstützung einen Begriff beizuziehen, der selbst auf sehr schwachen Füssen steht.[119]

---

117) Vgl. Wetzell System S. 837. 843. Hollmann II S. 23. 24. bemerkt, dass in den Motiven nur diejenigen §§ fremder Gesetze citiert sind, welche für unsern Fall die objektive Kumulation ausschliessen, nicht auch jene §§ derselben Gesetze, durch welche dort die Verbindung von Klage und Widerklage untersagt wird. Übereinstimmend auch Gaupp II. S. 19 Ziff. III. Petersen II. S. 19. 20. Sarwey S. 347 Ziff. 7. Loening a. a. O. Anm. 54. Über das Erfordernis des Zusammenhangs in Fällen obj. und subj. Kumulation vgl. denselben S. 97. 98.

118) So Endemann I. S. 243. Gaupp II. S. 83. Sarwey S. 384; s. dagegen Begründung des Entwurfs zu § 33 a. E.

119) Vgl. Planck Mehrheit S. 337 - 340. 533. Wach i. A. f. c. P. Bd. 62. S. 402. Motive des Sächs. Entw. zu § 86 S. 347. 348.

c) Möglichkeit der Vereinbarung.

Der Beklagte ist erst dann in die Lage versetzt, sich auf den Gerichtsstand der Widerklage berufen zu müssen, wenn das Gericht der Klage nicht ohnehin die erforderliche örtliche und sachliche Zuständigkeit für den Gegenanspruch besitzt. Diese Eventualität tritt ein, wenn auch nur die eine Seite der Zuständigkeit, die örtliche oder sachliche ermangelt; dann aber vermag der Gerichtsstand der Widerklage nach der R. C. P. O. nur unter der weiteren Bedingung in Anspruch genommen zu werden, dass das Gericht der Klage für den Gegenanspruch durch Vereinbarung zuständig gemacht werden könnte, welche Bedingung regelmässig erfüllt ist, wenn vor dem Landgerichte eine Widerklage erhoben wird, für welche die Amtsgerichte zuständig sind. In solchen Fällen findet die Erhebung der Widerklage bei dem sachlich unzuständigen Landgerichte kein Hindernis.[120] Ausnahmen hievon bilden weder die Widerklagen wegen dinglicher unbewegliche Sachen betreffender Ansprüche, deren Werth den Betrag von 300 M. nicht übersteigt, noch § 134 R. K. O., welcher für die dort bezeichnete Gattung von Klagen unter derselben Voraussetzung das mit dem Konkursverfahren befasste Amtsgericht für ausschliesslich zuständig erklärt, denn dabei steht nicht die Zuständigkeit der Amtsgerichte, sondern die eines bestimmten Amtsgerichtes in Frage. Bei Kumulation mehrerer Ansprüche in einer Widerklage ist es möglich, dass die besondere Voraussetzung des § 33 Abs. 2 nur für einen Teil der Gegenansprüche nachzuweisen ist, während der Gerichtsstand der Widerklage für die übrigen gar nicht praktisch wird.

Hinsichtlich der Möglichkeit der Vereinbarung kommt nun in erster Linie als mit § 33 Abs. 2 direkt korrespondierend § 40 Abs. 2 in Betracht: daselbst sind zwei Gattungen von Ansprüchen bezeichnet, bei welchen die Vereinbarung über die Zuständigkeit des Richters unzulässig sein soll und zwar:

a) Die nicht vermögensrechtlichen Ansprüche; hieher gehören namentlich die Statusklagen wegen Anerkennung der Kindes- oder Elterneigenschaft, die Klagen auf Anerkennung oder Aberkennung

---
120) Vgl. Loening a. a. O. S. 113. 114.

der väterlichen Gewalt, Klagen nach § 32 des R. G. über die Beurkundung des Personenstandes und die Eheschliessungen die *actio de liberis exhibendis* und *ducendis* (D. 43, 30); soweit solche Ansprüche incidenter als präjudicielle geltend gemacht werden, ist § 253 anzuwenden, welcher jedoch zunächst von der Betrachtung ausgeschlossen bleibt. Die Ehesachen gehören sowohl unter diese wie unter die folgende Gattung.

β) Ansprüche, für welche ein ausschliesslicher Gerichtsstand begründet ist; den Hauptfall bilden für unsern Gegenstand die § 25 aufgeführten dinglichen Klagen,[121] z. B.: A wohnhaft in X verkauft an B sein in Z gelegenes Haus mit Wirthschaftseinrichtung und behält sich für sein anstossendes Grundstück eine Wegeservitut vor; B behauptet die Wirthschaftseinrichtung sei nicht inventarmässig und erhebt im allgemeinen Gerichtsstande des A Klage auf Vervollständigung, eventuell Ersatz; A erhebt Widerklage auf Gestattung des Durchgangs, welche B verweigert; X und Z liegen in verschiedenen Gerichtsbezirken.

Neben den „ausschliesslichen Gerichtsständen" der C. P. O. ist die „ausschliessliche sachliche Zuständigkeit" der Landgerichte zu berücksichtigen, welche in § 70 Abs. 2 und 3 des G. V. G. ihre Quelle hat. Mit der fraglichen Bestimmung wurde der Zweck verfolgt, für die a. a. O. bezeichneten Rechtsstreitigkeiten wegen des stets damit verknüpften öffentlichen Interesses, auch wenn sie einen geringeren Werth als 300 M. betreffen sollten, den Weg der Revision offen zu halten (509 Ziff. 2). Hierauf nimmt § 40 Abs. 2 keine Rücksicht, denn einerseits stehen in § 70 a. a. O. vermögensrechtliche Ansprüche in Frage, andrerseits handelt es sich daselbst auch nicht um einen ausschliesslichen Gerichtsstand. Unrichtig ist es aber, wenn behauptet wird, die Redaktoren hätten im § 40 unter Gerichtsstand nicht nur die örtliche, sondern auch die sachliche Zuständigkeit begreifen wollen,[122] während doch das nemliche

---

121) Ausschliessliche Gerichtsstände finden sich in §§ 25. 547. 568. 617. 620. 621. 624. 626. 629. 839. 707. (660. 667. 686. 687 690. 704. 705. 710. 765. 778. 805. 807) der C. P. O. § 134 der R. K. O.

122) So Gaupp I. S. 129 Ziff. II. Kleiner S. 217. Puchelt II. S. 305. Struckmann-Koch S. 822. Wilmowski-Levy S. 64 u. 40 Z. 4. Keller

2. Die einzelnen Voraussetzungen. c) Möglichkeit der Vereinbarung. 59

Wort sonst überall im Gesetze für die örtliche Beziehung einer Person oder Sache zu einem Gerichte gebraucht wird. Insbesondere definieren § 13 und § 18, dass sich der Gerichtsstand durch einen Ort [123] bestimme.
Können nun die Parteien über einen der im § 70 a. a. O. bezeichneten Ansprüche, für welche die Landgerichte ausschliesslich zuständig sein sollen, die Zuständigkeit eines Amtsgerichtes vereinbaren? Ist die Frage auch mit Notwendigkeit zu verneinen, so braucht man doch diese Antwort nicht auf die soeben berührte gezwungene Interpretation zu stützen. Die Verneinung folgt aus den §§ 70 mit 23 G. V. G. selbst. Denn dem Kläger bleibt nach dem Wortlaut dieser Stellen ohnehin in keinem Falle die Wahl, ob er ein Amtsgericht oder ein Landgericht angehen will, indem der Beklagte vor dem Amtsgericht auch gegenüber einer Klage, für welche nach § 70 Abs. 1 a. a. O. die Landgerichte zuständig sind zweifellos die Einrede der mangelnden sachlichen Zuständigkeit bringen darf. Es haben also schon in dem Sinne, dass die Wahl ausgeschlossen ist, beide Arten von Gerichten ausschliessliche Zuständigkeit, ohne dass das Wort „ausschliesslich" in § 23 oder 70 Abs. 1 a. a. O. gebraucht wäre. Nachdem die Landgerichte aber trotzdem durch § 70 Abs. 2 für gewisse Fälle ausdrücklich als ausschliesslich zuständig erklärt werden, so kann das keine andere Bedeutung haben, als dass hiedurch die Vereinbarung der amtsgerichtlichen Zuständigkeit ausgeschlossen sein soll. So sprechen sich auch die Motive zum Entwurf des G. V. G. S. 93 (H. I, 1 S. 94) aus mit den Worten: „Der Entwurf zieht desshalb vor, die in Rede stehenden Ansprüche schon in erster Instanz den Gerichten zuzuweisen, von deren Entscheidung die Sache im ordentlichen Instanzenzuge zuletzt an das Reichsgericht gebracht werden kann. Die Prorogation muss zur Wahrung des öffentlichen Interesse ausgeschlossen sein. Die Zuständigkeit der Landgerichte in jenen Sachen soll daher eine ausschliessliche sein."
Einen ganz andern Sinn dagegen hat das Wort „ausschliess-

(Kommentar z. G. v. G. S. 91 Z. 3. Baron in Busch's Zeitschr. I. S. 36 polemisiert wenigstens nicht dagegen. Endemann I. S. 296 bezieht § 23 u. 70 G. V. G. hieher.
123) Vgl. Hellmann I. S. 68 Abs. 3: „— — — erscheint der Gerichtsstand lediglich eine örtliche Beziehung das Gerichts zum Rechtsstreite."

lich" als Prädikat der Gerichtsstände in der C. P. O. und der K. O.; da bedeutet es nur den Gegensatz zu „elektiv, wahlweise" zugelassenen Gerichtsständen. Es war also notwendig, wenn man in denselben Fällen, in denen die Wahl ausgeschlossen wurde, auch die Prorogation unmöglich machen wollte, dies in einem besonderen Satze ausdrücklich hervorzuheben, wogegen nach dem Obigen eine gleiche Bestimmung für die im G. V. G. geschaffenen Fälle „ausschliesslicher" Zuständigkeit als eine unnötige Wiederholung vermieden werden konnte und musste. Dasselbe gilt hinsichtlich des § 70 Abs. 3 a. a. O., soweit die Landesgesetzgebung von der ihr daselbst eingeräumten Befugnis Gebrauch gemacht hat.[124]

Von hervorragend praktischer Bedeutung ist es allerdings nicht, ob man § 40 Abs. 2 auf § 70 G. V. G. anwendet oder ob man letzteren aus sich selbst erklärt. Unter allen Umständen wird man zu dem Resultat kommen müssen, dass nur die Vereinbarung der amtsgerichtlichen Zuständigkeit für die fraglichen Ansprüche ausgeschlossen ist. Immerhin aber könnte man auf dem ersteren Wege zu einem Zweifel darüber gelangen, ob nicht durch § 40 in solchen Sachen auch die Vereinbarung des Gerichtsstandes bei einem anderen als dem der Regel nach örtlich zuständigen Landgerichte verhindert wird. Aus der *ratio legis* würde die Unrichtigkeit einer derartigen Auffassung gefolgert werden dürfen. Die Betretung des andern hier als allein richtig bezeichneten Weges dagegen schliesst absolut jeden Zweifel in dieser Richtung von Anfang an aus. Dadurch wird auch noch folgendes klar gestellt. Wie bei den § 70 Abs. 2 und 3 G. V. G. bezeichneten Ansprüchen die Vereinbarung nur soweit unmöglich erscheint, als die Ausschliesslichkeit reicht, wird auch bezüglich derjenigen Ansprüche, für welche ein ausschliesslicher Gerichtsstand begründet ist, lediglich über die örtliche Zuständigkeit des Gerichtes eine Vereinbarung unzulässig sein. Für einen vor das Amtsgericht A gehörigen dinglichen Anspruch, der eine unbewegliche Sache betrifft, wird also sehr wohl das vorgesetzte Landgericht prorogiert werden können und umgekehrt wird

---

124) Vgl. Bayr. Ausf. z. G. V. G. Art. 26. ebenso in Preussen s. Struckmann-Koch S. 823 Ziff. 5.

2. Die einzelnen Voraussetzungen. c) Möglichkeit der Vereinbarung. 61

für einen gleichen dinglichen Anspruch, dessen Objekt im Bezirke des Amtsgerichts A liegt, dessen Wert aber die Zuständigkeit des Landgerichts begründen würde, diejenige des Amtsgerichts A vereinbart werden dürfen; unstatthaft wäre natürlich im analogen Falle die Vereinbarung der Zuständigkeit des Amtsgerichts A, wenn das Grundstück im Bezirke eines andern Amtsgerichtes läge. Der Grund für die Zuständigkeit des Landgerichts ist die Lage des Grundstückes in einem der von jenem beherrschten Amtsgerichtsbezirke; aus dem bestimmten Bezirke darf aber die Streitsache nicht hinauskommen. Dieser Satz würde im dritten Falle verletzt werden, nicht in dem erstgenannten, noch weniger in dem mittleren Falle; die beiden Gerichte decken sich vielmehr unter den dort gedachten Verhältnissen in ihrer örtlichen Zuständigkeit gerade so weit als nöthig ist. Wollte man aber unter Gerichtsstand im § 40 Abs. 2 sowohl die sachliche wie die örtliche Zuständigkeit begreifen, so würde man fast mit Notwendigkeit dazu gelangen, die Vereinbarung wie bei den daneben genannten nicht vermögensrechtlichen Ansprüchen in jeder Richtung für unstatthaft zu erklären, denn aus dem Worte „Gerichtsstand" gleich „Zuständigkeit" überhaupt liesse sich absolut nicht entnehmen, über welche Art der Zuständigkeit die Vereinbarung ausgeschlossen sein solle. Nur die *ratio legis* vermöchte wieder an das richtige Ziel zu führen. Diese Zweifel werden vermieden, wenn man den Begriff des Gerichtsstandes auch bei § 40 in seiner ganzen Schärfe anwendet und die Unzulässigkeit der Vereinbarung über ausschliessliche sachliche Zuständigkeit aus § 70 a. a. O. folgert.

Ueberdies würde § 40 Abs. 2 gemäss jener hier gemisbilligten Interpretation noch gegenüber § 13 G. V. G. eine Wiederholung enthalten, wonach überhaupt nicht vor die ordentlichen Gerichte jene Streitsachen gehören, für welche

„entweder die Zuständigkeit von Verwaltungsbehörden oder
„Verwaltungsgerichten begründet ist, oder reichsgerichtlich
„besondere Gerichte [125] bestellt oder zugelassen sind."

---

125) G. V. G. § 14. R. G. betr. die Abänderung d. G. O. v. 18. Juli 1881 Art. 1 (§ 97 Abs. 2 Ziff. 4 § 97a. Ziff. 6 § 100d Abs. 2 Ziff. 3).

Hiedurch ist eine ausschliessliche sachliche Zuständigkeit der genannten Behörden und Gerichte anerkannt; es steht fest, dass die ordentlichen Gerichte für die betreffenden Sachen auch durch Vereinbarung nicht zuständig gemacht werden können. Dies gilt nicht minder bezüglich der in § 14 Ziff. 3 u. 4 a. a. O. bezeichneten Gerichte, sowie bezüglich der den Gewerbegerichten gleich gestellten Innungsgerichte, gegenüber welchen die ordentlichen Gerichte ausschliesslich Berufungsinstanzen bilden, wenn sie auch in der Reihenfolge des ordentlichen Rechtszuges wieder als erste Instanz gelten.

Der § 40 Abs. 2 weist also keine Lücke auf, jeder Versuch ausdehnender Interpretation ist darum von Anfange an verfehlt.

Die ausschliessliche — sachliche oder örtliche — Zuständigkeit eines Gerichtes für den Anspruch des Widerklägers hat hinsichtlich des Gerichtsstandes der Widerklage nicht immer dieselbe Wirkung. Wenn das Gericht der Klage das für den Widerklageanspuch ausschliesslich zuständige Gericht ist, so kommt natürlich der besondere Gerichtsstand gar nicht in Frage. Da ferner die Landgerichte für die unter § 70 G. V. G. begriffenen Ansprüche sachlich immer zuständig sind, so ist auch ohne Weiteres klar, dass vor diesen Gerichten der Gerichtsstand der Widerklage von vornherein blos in den Fällen des § 40 Abs. 2 C. P. O. und § 13 G. V. G. nicht aber durch die ausschliessliche Zuständigkeit der Landgerichte selbst ausgeschlossen sein kann, da diese Ausschliesslichkeit den Landgerichten generell und nicht speciell einem bestimmten Landgerichte zukommt. Gehört aber der in einem vor dem Landgerichte anhängigen Processe mit Widerklage verfolgte Anspruch zur Zuständigkeit der Amtsgerichte, so ist der Gerichtsstand der Widerklage anwendbar, weil Vereinbarung regelmässig statthaft ist; anders verhält es sich nur, wenn die Widerklage einen Anspruch auf Anerkennung der ausserehelichen Vaterschaft oder einen vermögensrechtlichen Anspruch betrifft, für welchen ein bestimmtes Amtsgericht ausschliesslich zuständig ist. Einer besonderen Erörterung bedürfen nur diejenigen Fälle, in welchen das Gericht der Klage ein Amtsgericht, das für den Gegenanspruch sachlich zuständige Gericht aber ein Landgericht ist; hier hat man hauptsächlich zu

2. Die einzelnen Voraussetzungen. c) Möglichkeit der Vereinbarung.

unterscheiden, ob Verweisung des ganzen Rechtsstreites an das Landgericht möglich ist oder nicht (§ 467).

Die Anwendung des § 467 ist, soweit die sachliche Zuständigkeit in Frage steht, immer statthaft, wenn der Gegenanspruch überhaupt „zur Zuständigkeit der Landgerichte gehört," insbesondere in den Fällen des § 70 Abs. 2 und 3 G. V. G., wenn z. B. auf Grund einer Kompensationseinrede wegen einer Forderung, für welche hienach die Landgerichte ausschliesslich zuständig sind, bei einem Amtsgerichte Widerklage erhoben wird; die Ausdrucksweise des § 467 passt auch da vollkommen. Der Gerichtsstand der Widerklage kommt hiebei dann in Frage und tritt in Wirksamkeit, wenn das dem Gericht der Klage vorgesetzte Landgericht nicht ohnehin die örtliche Zuständigkeit für die Widerklage besitzt. Hat nicht der Beklagte, sondern der Kläger den Verweisungsantrag gestellt, so wurde allerdings mit der Widerklage der besondere Gerichtsstand bei dem Amtsgericht geltend gemacht; derselbe kann aber nicht hier, sondern immer nur bei dem Landgericht wirksam werden.

Für die nicht vermögensrechtlichen Klagen sind wie für die an einen ausschliesslichen Gerichtsstand gebundenen Ansprüche, deren Gegenstand einen höheren als 300 M. hat, nicht die Landgerichte überhaupt, sondern es ist immer ein bestimmtes Landgericht zuständig: eine Statusklage, für welche das Landgericht A Kompetenz besitzt, kann nach § 40 Abs. 2 durch Vereinbarung so wenig bei einem andern Landgerichte angebracht werden, als dies bei den im § 25 bezeichneten Klagen möglich ist. Im Allgemeinen wird daher, wenn solche Streitsachen Gegenstand einer Widerklage bilden, keine Verweisung stattfinden dürfen;[126] denn nicht die Zuständigkeit der Landgerichte, sondern die eines bestimmten Landgerichts ist dann begründet. Ob hievon nicht doch Ausnahmen zu machen sind, wird nach der *ratio legis* zu beurteilen sein; diese ist aber:

„die Rechtsverteidigung und die Rechtsverfolgung in einem „anhängigen Processe dürfen, soweit thunlich, durch Rück„sichten auf die sachliche Zuständigkeit des Processgerichts „nicht beschränkt werden" (Mot. S. 293. H. II, 1 S. 345. 346).

---

126) A. M. Loening a. a. O. S. 111.

Die Erwägung, von welcher man hinsichtlich des § 467 ausgegangen ist, trifft aber auch zu, wenn:

α) bei dem Amtsgericht A geklagt wurde und Widerklage wegen eines nicht vermögensrechtlichen Anspruches erhoben wird, für welchen, sei es das Gericht der Klage oder ein anderes in dem gleichen Landgerichtsbezirke befindliches Amtsgericht örtlich zuständig wäre, aber wegen § 70 G. V. G. nicht sachlich zuständig ist, welcher Anspruch also zur Zuständigkeit des vorgesetzten Landgerichtes gehört; ebenso wenn:

β) bei dem Amtsgericht A geklagt wurde und der dingliche Widerklageanspruch ein Grundstück im Werte von mehr als 300 M. betrifft, welches im Bezirke des Gerichts der Klage oder im Bezirke eines anderen demselben Landgerichtsbezirke angehörigen Amtsgerichts, somit auch des vorgesetzten Landgerichts liegt.[127]

In diesen Fällen wird durch das Verweisungsurteil bezüglich des von dem Beklagten behaupteten Gegenanspruchs nur die sachliche Zuständigkeit geregelt, die örtliche dagegen nicht weiter berührt, als dies bei der Transferierung des Rechtsstreites von dem niederen an das höhere Gericht selbstverständlich ist und darum auch von den Motiven mitgewollt sein muss. Der Gerichtsstand der Widerklage wird hiebei jedesmal dann nicht geltend gemacht, wenn der Beklagte selbst den Verweisungsantrag stellt, weil er dadurch erklärt, von dem Kläger, die Unterwerfung unter das Urteil des Amtsrichters in der Hauptsache nicht fordern zu wollen, ausserdem aber kommt der fragliche Gerichtsstand nicht zur Geltung, weil der Rechtsstreit entweder in Folge des von dem Gegner gestellten Verweisungsantrages an das zuständige Gericht gelangt oder, wenn von keiner Seite die Verweisung beantragt wird, eine Unzuständigkeitserklärung bezüglich der Widerklage zu erfolgen hat, oder auch das Amtsgericht in Ermangelung des Verweisungsantrages als durch Vereinbarung zuständig gemacht zu erachten ist; das letztere tritt ein in dem ersten der beiden sub β) bezeichneten Fälle (s. oben S. 61). Noch weiter zu gehen in der Zulassung des Verweisungsurteils erlaubt die *ratio legis* nicht.

---

127) Vgl. Loening a. a. O. S. 113.

2. Die einzelnen Voraussetzungen. c) Möglichkeit der Vereinbarung.

Aus dieser sowie aus dem oben besprochenen Verhältnis der örtlichen Zuständigkeit eines Landgerichts zu derjenigen der ihm untergebenen Amtsgerichte folgt, dass der Rechtsstreit nur an das dem Gerichte der Klage vorgesetzte[128] Landgericht verwiesen werden darf. Deshalb hat der Amtsrichter vor Erlassung des Verweisungsurteils nicht nur die sachliche, sondern auch die örtliche Zuständigkeit des vorgesetzten Landgerichts zu prüfen. Ist aber dieses nicht ohnehin örtlich zuständig, so darf der Rechtsstreit nicht an das an sich örtlich unzuständige Landgericht verwiesen werden, sondern es kommt nun als letzte Aushülfe der Gerichtsstand der Widerklage in Frage.

Die Zulässigkeit der Verweisung von Streitsachen, für welche die ordentlichen Gerichte nicht zuständig sind, oder welche ausschliesslich vor ein anderes Amtsgericht als das der Klage gehören, ist durch den Wortlaut des § 467 selbst ausgeschlossen. Ferner ist hienach die Verweisung des ganzen Rechtsstreites unstatthaft, wenn für die bei einem Landgericht erhobene Widerklage ein Amtsgericht ausschliessliche Zuständigkeit hat.

Wo nun Verweisung zulässig ist, muss auch Widerklage erhoben werden können. Hat der Beklagte nicht selbst den Verweisungsantrag mit der Widerklage verbunden, so wird der Richter zunächst die Antwort der Gegenpartei abwarten. Erfolgt aber Verweisung dem von der einen Partei gestellten Antrage gemäss, so wird eben dadurch der Gerichtstand der Widerklage realisiert, es müsste denn sein, dass das vorgesetzte Landgericht ohnehin für den Widerklageanspruch örtlich zuständig ist. Erscheint Verweisung unzulässig, so spricht der Richter, sei es auf Parteiantrag oder von Amtswegen einfach seine Unzuständigkeit aus. Dann ist der Gerichtsstand der Widerklage ausgeschlossen, weil der betreffende Anspruch das Privileg nicht geniesst und desselben auch nicht auf dem Wege der Verweisung teilhaftig werden kann. Unterbleibt das Verweisungsurteil blos mangels Antrags (Fälle des § 70 Abs. 2 und 3

---

128) Vgl. Hellmann II. S. 377. Struckmann-Koch zu § 466, woselbst auf die Analogie des § 249 verwiesen wird; ferner Loening a. a. O. Anm. 142.

G. V. G.), so ist der Gerichtsstand der Widerklage ausgeschlossen, nicht weil es so sein muss, sondern obwohl er sowie die Widerklage selbst durch den Verweisungsantrag hätten gesichert werden können. Mangels des Antrags hat die Unzuständigkeitserklärung natürlich nur dann zu erfolgen, wenn Vereinbarung nach § 39 nicht angenommen werden darf; die Vereinbarungsmöglichkeit besteht aber, wenn der Gegenanspruch, für welchen das Landgericht gewöhnliche Zuständigkeit besitzt (§ 70 Abs. 1 G. V. G.), ein vermögensrechtlicher ist.

Es zeigte sich also, dass nicht immer, „wenn die Zuständigkeit des Gerichts für eine Klage wegen des Gegenanspruchs auch durch Vereinbarung nicht würde begründet werden können" die Anwendung des § 33 Abs. 1 unmöglich ist. Trotzdem sichert der zulässige Verweisungsantrag der Widerklage ihre volle Wirkung zunächst bedingt bis die Rechtskraft des Verweisungsurteils die bedingte Wirkung in eine unbedingte verwandelt. Der Gerichtsstand der Widerklage erfährt hiedurch eine weitere Anwendung als § 33 Abs. 2 zu gestatten scheint, nur bezüglich der Ansprüche nach § 70 Abs. 2 und 3 a. a. O., d. h. bei ausschliesslicher, sachlicher Zuständigkeit der Landgerichte für den Widerklageanspruch ist die Geltendmachung des Gerichtsstandes der Widerklage nicht unzulässig, gleichviel, ob der Process über die Klage bei einem Land- oder Amtsgericht anhängig ist. Die Folgen des § 33 Abs. 2 sind also durch § 467 beschränkt. Der Wortlaut der ersteren Stelle darf um so weniger zum Gegenteil verleiten, als weder § 467 selbst noch die Motive hiezu zwischen ausschiesslicher und sonstiger sachlicher Zuständigkeit unterscheiden. Auch darf nicht eingewendet werden, dass auf diese Weise der Inhalt der Motive dem Gesetze substituiert worden sei: Der wirkliche Inhalt des § 467 wurde regelrecht aus der *ratio legis* gesucht und dann erst das Verhältnis des § 467, in seiner so gewonnenen Bedeutung, zu § 33 und beziehungsweise zu § 40 festgestellt.

Allein § 467 hat die Wirksamkeit des § 33 Abs. 2 nicht in jeder Beziehung lähmen, sondern nur zum Teil beschränken sollen, wie in der obigen Darstellung auszuführen versucht wurde. Das Verhältnis der beiden Gesetzesstellen wird wesentlich durch § 40

2. Die einzelnen Voraussetzungen. c) Möglichkeit der Vereinbarung. 67

mit bestimmt; § 467 ist durch § 40 beschränkt.[129] Wenn Baron in Busch's Zeitschrift I S. 35 behauptet, dass in den Fällen des § 467 das Amtsgericht nicht von Amtswegen, sondern nur auf rechtzeitigem Antrag einer Partei seine Unzuständigkeit aussprechen dürfe und solle, so ist das entschieden unrichtig. Petersen hat im 2. Bd. derselben Zeitschrift das Gegenteil nachgewiesen. Auch die Nebeneinanderstellung der in § 466 und § 467 enthaltenen Rechtssätze zeigt, dass es sich hier nicht um die Unzuständigkeitserklärung, sondern in der Hauptsache um das Verweisungsurteil handelt; die erstere ist bei Anwendung des § 467 nur eine notwendige Voraussetzung des letzteren. Der Richter müsste desshalb im Verweisungsurteil seine Unzuständigkeit aussprechen, selbst wenn die Partei blos Verweisung beantragte. Die Worte „seine Unzuständigkeit auszusprechen" hätten sohin als selbstverständlich auch weggelassen werden können. Daraus folgt: § 467 ist bezüglich der Frage, wann sich ein Richter für unzuständig zu erklären habe, gar nicht massgebend.[130] Dieses Resultat kann noch bekräftigt werden durch folgenden bei Gelegenheit einer anderen Kompetenzfrage ergangenen Ausspruchs des Reichsgerichts, dessen 1. Civilsenat sich in den Entscheidungsgründen zu einem Urteile[131] vom 26. Mai 1880 dahin äusserte: „Da das Gesetz nirgends bestimmt, dass der Richter seine Zuständigkeit nicht von Amtswegen prüfen soll und nur ein zuständiger Richter zu einer Entscheidung berufen ist, so muss der Richter ...... seine Zuständigkeit jedesmal und zwar, wenn nicht die Einrede der Unzuständigkeit vom Beklagten erhoben ist, von Amtswegen prüfen."

Loening S. 107 a. a. O. glaubt, wenn eine Verweisung des ganzen Rechtsstreites nach § 467 nicht oder nicht rechtzeitig beantragt werde, könne immer noch die Verweisung der Widerklage allein nach § 466 eintreten und nur dann, wenn auch dies nicht von dem Widerkläger beantragt werde, habe jede Verweisung zu unterbleiben. Die Behauptung Loenings ist aber nur in sehr beschränktem Umfange richtig.

---

129) Vgl. Wach i. A f. c. P. Bd. 62 S. 398.
130) Vgl. Wach a. a. O. S. 397. 400. Loening a. a. O. S. 108 ff.
131) Entscheidungen des Reichsgerichts in Civilsachen Bd. I. S. 439.

Die Anwendung des § 466 setzt einmal eine vorhergegangene Unzuständigkeitserklärung voraus, ausserdem aber lässt sie Verweisung nur an das vorgesetzte Landgericht (vgl. oben Anm. 128) zu, weil nach § 466 eben durch die Verweisung auch nur der Mangel der sachlichen Zuständigkeit des Amtsgerichts geheilt werden soll.

Die erste Voraussetzung ermangelt, wenn die Parteien vor dem Amtsrichter über die Widerklage weiter verhandeln wollen und können, d. h. wenn sie durch Unterlassung des Verweisungsantrags ihren Willen, das Amtsgericht durch Vereinbarung zuständig zu machen, zu erkennen gegeben, und dieser Wille kein gesetzliches Hindernis findet. Dann hat der Amtsrichter keinen Anlass, bezw. nach erfolgter Verhandlung zur Hauptsache, nicht mehr die Möglichkeit, seine Unzuständigkeit auszusprechen.

An der zweiten Voraussetzung gebricht es, wenn nach § 40 die ausschliessliche Zuständigkeit eines anderen als des dem Gerichte der Klage vorgesetzten Landgerichtes gegeben ist. Dagegen dürfte § 466 allerdings in dem auf Seite 64 gedachten drei Ausnahmefällen (vgl. S. 64 a. E.) anwendbar sein, wenn die Unzuständigkeit des Amtsgerichts erst nachträglich bemerkt worden ist, oder auch vor Verhandlung zur Hauptsache ausgesprochen wurde.

Der besondere Gerichtsstand des § 33 ist nicht für alle Widerklagen gewährt. Gewisse Widerklagen jedoch geniessen aus einem anderen Grunde und zwar in weiterem Umfange als die gewöhnlichen einen von jenem verschiedenen besondern Gerichtsstand.

Nach § 253 kann „bis zum Schluss derjenigen mündlichen Verhandlung, auf welche das Urteil ergeht, der Kläger durch Erweiterung des Klagantrags, der Beklagte durch Erhebung einer Widerklage beantragen, dass ein im Laufe des Processes streitig gewordenes Rechtsverhältnis, von dessen Bestehen oder Nichtbestehen die Entscheidung des Rechtsstreites ganz oder zum Teil abhängt durch richterliche Entscheidung festgestellt werde."

Unbestritten ist nun, dass für diese sog. Präjudicialincidentfeststellungsklagen (Widerklagen)[132] die Regel *actor forum rei*

---

132) Loening a. a. O. S. 14 bemerkt mit Recht, dass der Zusatz „incident" bei der Präjudicialfeststellungswiderklage überflüssig sei, weil es nicht incidente Widerklagen im Reichsprocessrecht nicht gebe; dasselbe gilt aber auch für die Präjudi-

sequitur aufgehoben und beziehungsweise umgekehrt, sohin ein besonderer Gerichtsstand begründet ist; für die Annahme, dass derselbe ein neuer, selbstständiger von dem des § 33 verschiedener Gerichtstand sei, spricht sowohl der Zweck des § 253 (vgl. unten S. 70) als die Fassung, welche nicht zwischen dem für den Feststellungsanspruch zuständigen und dem hiefür unzuständigen Gerichte unterscheidet; nicht dagegen kann die Stellung [133] des § 253 ausserhalb des *ex professo* von den Gerichtsständen handelnden Titels (s. oben S. 43) angeführt werden. Die Bestimmung des § 253 ist als neue Ausnahme von der bezeichneten Regel neben die des Gerichtsstandes der Widerklage gestellt. Die Richtigkeit dieser Behauptung wird sich vor Allem daraus ergeben, dass der nach § 253 für die P. F. Klagen und Widerklagen gewährte Gerichtsstand teilweise anderen Bedingungen unterliegt, als § 33 aufstellt. Hinsichtlich der Beschränkungen aber, welche hier gelten sollen, gehen die Ansichten ebenso, wie über den Namen dieses besonderen Gerichtsstandes sehr auseinander. Sieht man zunächst von dem letzteren Punkte ab, so sind die in der Literatur vertretenen Meinungen folgende:

α) Der Gerichtsstand gemäss § 253 ist nur den daselbst ausdrücklich genannten Beschränkungen unterworfen, insbesondere nicht denen des § 33 Abs. 2; [134]

β) er weicht nur einem ausschliesslichen Gerichtsstande; [135]

γ) er findet unbeschränkt nur auf vermögensrechtliche Klagen

---

cialfeststellungsklagen, wenigstens sind die nach § 253 zu stellenden Incidentanträge schon durch den Beisatz „Präjudicial" hinlänglich von den Feststellungsklagen nach § 231 unterschieden. Im Folgenden wird die Abkürzung P. F. für das langathmige Wort Präjudicialfeststellung gebraucht werden.

133) Es wäre jedenfalls nicht angezeigt gewesen, § 253 vor den ihm als Grundlage dienenden § 231 zu stellen und dieser fand eben erst bei den Normen über Klageerhebung den richtigen Platz.

134) So Bülow S. 169 Ziff. 3. Hollmann II. S. 72—74. Struckmann-Koch S. 212.

135) So Gaupp II. S. 83. Kleiner II S. 89—91. Puchelt II. S. 49. Wilmowsky-Levy S. 229. Da nicht auf § 40 Bezug genommen wird, so ist es unerheblich, dass diese alle dort Gerichtsstand mit Zuständigkeit indentificieren (Anm. 122) und ist anzunehmen, dass sie hier das Wort in seiner wahren Bedeutung fassen.

Anwendung, auf nicht vermögensrechtliche beschränkt, aber ohne Rücksicht auf die ausschliesslichen Gerichtsstände;[136]

d) die Beschränkungen des § 40 Abs. 2 greifen auch gegenüber § 253 Platz.[137]

Die Vertreter der Meinung sub *a*)[138] berufen sich zu ihrer Verteidigung auf den Zweck des § 253, der nach den Motiven darin bestehe, den Parteien die Einwirkung rechtskräftiger Feststellung präjudicieller Incidentpunkte zu ermöglichen und zwar in der Weise, dass es lediglich von dem Parteiwillen abhängen solle, ob über einen solchen Streitpunkt eine der Rechtskraft fähige Entscheidung zu treffen sei oder nicht. Dem Willen der Parteien gegenüber könne es danach weder auf den ausschliesslichen Gerichtsstand des präjudiciellen Rechtsverhältnisses noch überhaupt auf die sonstigen allgemeinen Bestimmungen über die sachliche und örtliche Zuständigkeit ankommen; zu diesen stehe § 253 in dem Verhältnisse einer *lex specialis* zur *lex generalis*.

Die Richtigkeit dieser Anschauung vorausgesetzt hätte der Richter nach § 253 sogar die Befugnis ein für den anhängigen Rechtsstreit präjudicielles verwaltungsrechtliches Verhältnis, (§ 139) festzustellen, denn auch § 13 G. V. G. betrifft die sachliche Zuständigkeit der ordentlichen Gerichte.

Allein das Gesetz hat dem Parteiwillen doch noch ein anderes Ventil gelassen, jenen ausgesprochenen Zweck der P. F. Klagen auch dann zu verfolgen, wenn die Bestimmungen über ausschliessliche Zuständigkeit hindernd in den Weg treten wollen.

Durch § 139 wird § 253 wesentlich ergänzt,[139] indem ersterer

---

136) Baron in Buch's Zeitschr. I. S. 35 meint, gegen die Anwendung des § 253 auf nicht vermögensrechtliche Ansprüche sei in den Fällen des § 467 Nichtigkeitsklage nach § 542 Ziff. 1 möglich, wenn nicht an das Landgericht verwiesen würde.

137) Petersen II. S. 53. 54. und in Busch's Zeitschr. II. S. 195 ff. Zweifelhaft ist die Stellung von Sarwey S. 384 und Seuffert zu § 253 Ziff. 5, welche als Ausnahme zwar nur die ausschliesslichen Gerichtsstände erwähnen, deren Argument „das öffentliche Interesse" aber auch auf den anderen Fall des § 40 Abs. 2 sowie auf die Fälle des § 70 Abs. 2 u. 3 G. V. G. passt. Auch Loening S. 99 ff. will die Zuständigkeit für P. F. W. ganz nach § 33 beurteilt wissen.

138) Vgl. besonders Hellmann a. a. O.

139) Zu dem Folgenden vgl. Kleiner II. S. 90 und Petersen in Buch's Zeitschr. II. S. 202.

es ermöglicht, für ein Rechtsverhältnis, von dessen Bestehen oder Nichtbestehen die Entscheidung des Rechtsstreites ganz oder zum Teil abhängt, vor Erledigung der Hauptsache eine nicht nur der Rechtskraft fähige, sondern auch rechtskräftige Entscheidung zu erlangen. Wenn das Gericht der Hauptsache für die präjudicielle Sache Zuständigkeit nicht besitzt, so kann die interessierte Partei wegen der präjudiciellen Frage gemäss § 231 bei dem zuständigen Gerichte Feststellungsklage erheben und sobald diese nach §§ 230. 235 rechthängig ist, gemäss § 139 die Aussetzung des Verfahrens über die Hauptsache bis zur Erledigung d. i. rechtskräftigen Erledigung des zum Inhalt einer selbstständigen Klage gemachten Incidentpunktes beantragen. Gegen die Abweisung des Antrages ist sofortige Beschwerde zulässig (§ 229); eine Abweisung wird aber in erster oder doch in zweiter Instanz nur dann erfolgen, wenn das Gericht den betreffenden Punkt nicht für präjudiciell hält und dann ist der Antragsteller in keiner schlechteren Lage als bei Anwendung des § 253, welche ja auch voraussetzt, dass das Gericht annimmt, es handle sich bei Erweiterung des Klagantrags oder Erhebung der Widerklage um ein für die Entscheidung in dem anhängigen Rechtsstreite präjudicielles Rechtsverhältnis. Ferner wird auch gegen die nach § 231 zu stellende Klage unter solchen Verhältnissen nie der Mangel des rechtlichen Interesses geltend gemacht werden können.[140]

Wichtig ist nur noch, dass im Beschwerdefall bis zur Erledigung desselben das Verfahren in der unteren Instanz ausgesetzt werde. Die Befugnis hiezu hat der Richter erster Instanz nach § 535 Abs. 2, das Beschwerdegericht nach Abs. 3 daselbst. Dass aber von dieser Ermächtigung kein Gebrauch gemacht werde, ist ebensowenig zu besorgen, wie dass der erste Antrag auf Aussetzung des Verfahrens aus anderen Gründen als dem vorerwähnten abgelehnt werde. In beiden Fällen wird jeder Richter die Gefahr zweier widersprechender Entscheidungen in derselben Sache erkennen und zu vermeiden suchen. Die Aussetzung des Verfahrens bis zur Verbescheidung der Beschwerde ist überhaupt nur notwendig, wenn der Rechtsstreit schon dem Abschlusse nahesteht.

---

140) Vgl. Loening a. a. O. S. 15.

Das nemliche Resultat kann übrigens, wenn die Parteien sich einigen, auch auf dem Wege erreicht werden, dass sie das Verfahren ruhen lassen (§ 228).

Es darf nicht eingewendet werden, dass die Aussetzung der Verhandlung, falls die präjudicielle Frage zu spät angeregt wird und sich die Parteien nicht gemäss § 228 einigen, auf jenem Umwege leicht nicht mehr erlangt werden könnte. Denn der Richter muss sich ja ohnehin für seine Entscheidung in der Sache selbst eine feste Ansicht bilden; der Streit über den Incidentpunkt macht Beweis nötig und lässt somit Zeit gewinnen. Im schlimmsten Falle wird man dem Interessenten den Satz *vigilantibus lex scripta* entgegenhalten dürfen.

Schwerer wiegt der Einwand, die Hauptentscheidung könne auf diese Weise sehr weit hinausgeschoben werden, soferne das Urteil über die präjudicielle Sache mit Berufung und Revision angefochten wird, dann erst in der Hauptsache Entscheidung erfolgen kann, worauf nochmals wegen anderer Streitpunkte Berufung und Revision möglich ist; bei Anwendung des § 253 hingegen würden sämmtliche Streitpunkte zugleich unter Entscheidung gestellt, und wäre darum auch nur einmalige Betretung des Rechtsmittelweges möglich. Allein eine Verschleppung ist bei den P. F. Klagen überhaupt nicht ganz ausgeschlossen, da der Rechtsstreit im Falle der Verweisung an das Landgericht erst dann als dort anhängig gilt, wenn das Verweisungsurteil rechtskräftig ist, also eventuell die Berufungsinstanz passiert hat. Ausserdem ist noch zu erinnern, dass in den hier fraglichen Fällen das beteiligte öffentliche Interesse besondere Genauigkeit fordert, welche für ein den örtlichen Verhältnissen fernstehendes Gericht zwar nicht unmöglich zu erreichen sein wird, aber auch weit grösseren Zeit- und Kostenaufwand nötig macht, als z. B. für dasjenige Gericht, in dessen Bezirk das streitige Grundstück liegt.

Der berührte Zweck des § 253 ist also durchweg kein Grund für seine ausnahmslose Anwendung. Hellmann a. a. O. weist darauf hin, dass jenen Rücksichten des öffentlichen Rechts, welche zur Ausschliesslichkeit gewisser Gerichtsstände führten, in § 253 andere Rücksichten des öffentlichen Rechts entgegentreten. Aber da fragt

2. Die einzelnen Voraussetzungen. c) Möglichkeit der Vereinbarung. 73

es sich eben, ganz abgesehen von der Richtigkeit dieser Behauptung, welche unter den beiden Rücksichten überwiegen. Die Antwort kann nur zu Gunsten derjenigen Rücksichten ausfallen, denen das Gesetz selbst ausschliessliche Kraft und Wirkung zugesteht. Jedoch scheint die Aufstellung, welche Hellmann hier macht, im Princip unrichtig zu sein und gerade der Ansicht der von ihm selbst citierten Motive zu widersprechen. Diese wollen es dem Belieben der Parteien überlassen,[141] ob sie eine der Rechtskraft fähige Entscheidung über den präjudiciellen Incidentpunkt erwirken wollen oder nicht. Es ist das konsequent der Verhandlungsmaxime (§ 279) und zugleich wird dadurch klar, dass man das öffentliche Interesse nicht für so sehr beteiligt halten darf. Sonst hätte man sich entweder der Ansicht von Savigny's unbedingt anschliessen oder die Aufnahme der Entscheidung über den Incidentpunkt in den Urteilssatz selbst als notwendig anordnen müssen, ohne Rücksicht darauf, ob von den Parteien ein bezüglicher Antrag gestellt wurde oder nicht.

Die ausschliessliche sachliche Zuständigkeit der Landgerichte nach § 70 Abs. 2 und 3 G. V. G. übt auf die Geltendmachung des durch § 253 zugelassenen Gerichtsstandes so wenig Einfluss wie auf die des Gerichtsstandes der Widerklage. Die oben S. 63. 66. in dieser Beziehung gebrachten Ausführungen treffen auch hier vollkommen zu.

Bei den nicht vermögensrechtlichen Ansprüchen aber trennen sich die Wege der gewöhnlichen und der nach § 253 erhobenen Widerklage. Für die letztere ist ein besonderer Gerichtsstand auch dann gewährt, wenn sie keinen vermögensrechtlichen Anspruch zum Gegenstande hat; denn § 40 Abs. 2 leidet hier keine Anwendung, weil § 33 Abs. 2 seine Wirksamkeit nicht auf § 253 erstreckt.

Hiegegen möchte der Einwand (vgl. Petersen a. a. O.) begründet erscheinen, auch auf die P. F. Widerklage sei § 33 Abs. 2 anwendbar, da dieser für Widerklagen im Allgemeinen stehe und sohin für die des § 253 eine ausdrückliche Ausnahme notwendig wäre, wenn bei denselben jene Beschränkung nicht statthaben sollte. Allein die P. F. Widerklage wollte doch von dem Gesetzgeber offen-

---

141) Mot. zu § 283 d. Entw. (§ 293. C. P. O.) S. 227 (H. II, 1 S. 291.

bar nicht anders behandelt werden als die P. F. Klagen und es wäre also § 33 Abs. 2 auch auf das Gebiet der letzteren zu erstrecken. Dadurch würde jedoch das wahre Sachverhältnis geradezu umgekehrt. Die P. F. Klagen sind das *genus*, die Widerklagen die *species*; nachdem aber unbestritten und unbestreitbar ist, das *genus* und *species* nach § 253 gleich zu behandeln sind — beide sollen ja denselben Zweck erfüllen § 293 — würden sich bei jener Auffassung die Voraussetzungen des *genus* nach denen der *species* zu richten, während doch vernünftigerweise die hinsichtlich ihrer Daseinsbedingungen dem *genus* gleichgestellte *species* nach denjenigen des *genus* zu beurteilen ist, nicht umgekehrt. Die P. F. Klagen sind nun keine Widerklagen, sie erscheinen als Erweiterung des Klagantrags, müssen aber daneben als selbstständige Klagen aufgefasst werden, da diese Erweiterung eine besondere Entscheidung über einen selbstständigen Anspruch (P. F. Anspruch) herbeiführen soll und hiefür auch die Zuständigkeit der Gerichte selbstständig geregelt ist. Wenn eine solche Klage erhoben wird, tritt also eine eigentümliche Klagenkumulation ein (Loening a. a. O. Anm. 14); das deutet auch der Ausdruck „Erweiterung des Klagantrags" an. Die Anwendung des § 33 Abs. 2 auf Fälle des § 253 kann also nicht *per analogiam* der Widerklage geschehen; sie würde eine specielle Bestimmung voraussetzen, woran es eben fehlt. Auch die Mot. S. 205 (H. II, 1. S. 274) stellen die P. F. Klagen und Widerklagen nur in Betracht der „processualischen Geltendmachung, der Rechtshängigkeit und des Zeitpunktes, bis zu welchem ihre Erhebung gestattet ist" — nicht bezüglich der sonstigen Voraussetzungen — der Widerklage gleich. Unter „processualischer Geltendmachung" ist hier nur die Form gemeint, wie die Zusammenstellung mit der „Rechtshängigkeit" und dem „Zeitpunkt" der Erhebung annehmen lässt. Für eine Specialisierung bestand überhaupt kein Bedürfnis, wenn, von den materiellrechtlichen Voraussetzungen abgesehen, eine ausnahmslose Gleichstellung beabsichtigt war. Müsste man aber selbst den Motiven einen anderen Sinn unterlegen, so könnte dies an dem logischen Verhältnisse doch Nichts ändern.

Die Möglichkeit für eine P. F. Widerklage den besonderen Gerichtsstand des § 253 geltend zu machen, hängt, wenn für die Widerklage die Landgerichte zuständig sind, das Gericht der Klage aber ein Amtsgericht ist, wieder von der Zulässigkeit der Verweisung ab. Hiebei gilt gleichfalls der Satz, dass die Verweisung nur an das vorgesetzte Landgericht und nur dann erfolgen kann, wenn nicht die ausschliessliche örtliche Zuständigkeit eines andern Landgerichts begründet ist. Da nun § 40 hier ausser Anwendung bleibt, mithin die ausschliessliche örtliche Zuständigkeit für nicht vermögensrechtliche Ansprüche nur gegenüber dem gewillkürten Gerichtsstande und dem der Widerklage nach § 33 nicht aber gegenüber § 253 besteht, so ist die Verweisung aller P. F. Widerklagen, welche nicht vermögensrechtliche Ansprüche zum Gegenstande haben ungehindert, soferne nicht, wie für Ehe- und Entmündigungssachen (§§ 568. 606. 620. 624), die Ausschliesslichkeit des Gerichtsstandes auf besonderen Bestimmungen beruht.

Die Differenz zwischen § 33 und § 253 liegt also darin, dass gewöhnliche Widerklagen, welche nicht vermögensrechtliche Ansprüche betreffen, den besonderen Gerichtsstand nicht geniessen, während P. F. Widerklagen in dieser Richtung unbeschadet der soeben erwähnten Ausnahme, nur einer eventuellen Beschränkung unterliegen. Die Erhebung solcher Widerklagen vor dem Amtsgericht ist nicht unzulässig, wie bei gewöhnlichen Widerklagen der Fall, wenn § 40 dazwischen tritt; sie erlangt Wirkung durch das Verweisungsurteil; kann dieses aber mangels eines hierauf gerichteten Antrages nicht gesprochen werden, so muss die Unzuständigkeitserklärung auch hier erfolgen. Denn an der Wirkung des § 40 Abs. 2 ist durch § 253 und § 467 hinsichtlich der amtsgerichtlichen Zuständigkeit keine Aenderung eingetreten. Baron a. a. O. meint, dass § 467 die Vereinbarung der amtsgerichtlichen Zuständigkeit für nicht vermögensrechtliche Ansprüche an sich wohl gestatte und dass § 40 Abs. 2 dieser Sachlage gegenüber nur mittels Nichtigkeitsklage gemäss § 542 Ziff. 1 zur Geltung gebracht werden könne. Der Irrtum,[142] welcher damit ausgesprochen ist, wird widerlegt durch eine Vergleichung des § 542 mit § 513, deren Ziff. 1

---

142) Gegen Baron vgl. auch Hollmann II. S. 376.

gleichlautet, während im ersteren der Fall der Unzuständigkeit des Gerichts — § 513 Ziff. 4. — fehlt. Daraus erhellt nemlich zweierlei: einerseits, dass die C. P. O. zwischen Unzuständigkeit des erkennenden Gerichts und nicht vorschriftsmässiger Besetzung desselben sehr wohl unterscheidet; andrerseits, dass im ersteren Falle nur Revision stattfindet, die Nichtigkeitsklage aber ausgeschlossen ist. Dass man es unter den gedachten Umständen nicht mit einem vorschriftswidrig besetzten, sondern mit einem unzuständigen Gerichte zu thun hätte, bedarf kaum eines Beweises. Kann doch das erkennende Gericht nicht deshalb als vorschriftswidrig besetztes bezeichnet werden, weil für den betreffenden Rechtsstreit nicht das mit der Klage angegangene Gericht, sondern ein mit mehr Richtern besetztes von jenem verschiedenes (höheres) Gericht zuständig ist. Gegen das Urteil eines Amtsrichters, dessen Zuständigkeit für den Streit über einen nicht vermögensrechtlichen Anspruch unter den Parteien vereinbart worden ist, wäre nur die Berufung zulässig, die Revision wegen § 507 unstatthaft. In dem letzteren Punkte öffnet sich eine bedenkliche Lücke des Gesetzes. Das Reichsgericht ist nicht dazu berufen über das Verhältniss des § 40 Abs. 2 zu § 253 und § 467 zu entscheiden; es kann ihm nur gestattet sein, einmal bei zufälliger anderer Gelegenheit seine Ansicht hierüber in den Urteilsgründen zu äussern.[143]

Hellmann II. S. 376. 377 hält unter Missbilligung des von Baron vorgeschlagenen Ausweges für absolut unrichtig, dass der Amtsrichter sich bei Anwendung des § 467 auf Fälle des § 253 mangels eines Verweisungsantrages von Amtswegen für unzuständig erklären müsse. Eine Prorogationsfiktion sei unter diesen Umständen unzulässig, weil „das Amtsgericht, bei welchem der Hauptprocess anhängig sei, für jede P. F.-Klage und Widerklage zuständig werde . . . . . Die Abweichung (nemlich von § 253), welche § 467 begründe, bestehe lediglich in dem Recht der Parteien, bis zu einem bestimmten Zeitpunkt die Verhandlung des ganzen Rechtsstreites vor dem Landgerichte zu begehren, wenn für den Incidentstreit an sich die landgerichtliche Zuständigkeit begründet wäre."

---

143) Vgl. Struckmann-Koch zu § 509 Anm. 1. a. E.

Mit dieser Auffassung Hellmann's steht in unvereinbarem Widerspruche die kategorische Ausdrucksweise des § 467: „so hat das Amtsgericht ..... seine Unzuständigkeit auszusprechen und den Rechtsstreit vor das Landgericht zu verweisen." Wäre der Gerichtsstand des § 253 unabhängig von dem Verweisungsantrag, an sich, bei den Amtsgerichten selbst für alle Ansprüche gegeben, für welche die Zuständigkeit der Landgerichte begründet ist, so müsste ja der P. F.-Widerkläger ein Recht darauf haben, vor dem Amtsgericht als in dem Gerichtsstande der P. F.-Klagen zu verhandeln und der Richter könnte das Verweisungsurteil nur sprechen, wenn Derjenige, der den fraglichen Gerichtsstand geltend macht, sich nicht dagegen sträubte. Aber nach § 467 hat nicht nur dieser, sondern auch die Gegenpartei ein Recht auf Verweisung; auch auf ihren Antrag muss das Verweisungsurteil erlassen werden, woraus folgt, dass ein besonderer Gerichtsstand für die gedachten Ansprüche bei den Amtsgerichten nicht begründet ist.

Sohin kann der Gerichtsstand der P. F.-Klagen bei einem sachlich unzuständigen Amtsgerichte nicht ohne Weiteres mit Wirksamkeit in Anspruch genommen werden. Die Geltendmachung bekommt Wirksamkeit und zwar nur für das Landgericht, bei welchem der Rechtsstreit in der Folge anhängig wird, erst durch den von dem Widerkläger selbst oder von seinem Gegner gestellten Verweisungsantrag und beziehungsweise durch die Rechtskraft des hierauf ergehenden Urteils. Mit dem Eintritt des letzteren Zeitpunktes wird auch der Vorprocess bei dem Landgerichte anhängig und ist also dort für den Feststellungsanspruch ein besonderer Gerichtsstand gewährt. Der § 253 erweitert die örtliche Zuständigkeit nur unter der Bedingung, dass die Verweisung an das Landgericht rechtzeitig beantragt wird. Hat keine Partei einen Verweisungsantrag gestellt, so kann hinsichtlich der P. F.-Widerklage wegen nicht vermögensrechtlicher Ansprüche, sowie in den Fällen des § 70 Abs. 2 u. 3 vor dem Amtsgerichte nicht verhandelt werden, weil diesem die sachliche Zuständigkeit mangelt und hiefür bei demselben kein besonderer Gerichtsstand besteht. Für die Unzuständigkeitserklärung, welche von Amtswegen erfolgt, hat man sich also auf die Prorogationsfiktion und des weiteren auf die Unstatthaftigkeit der Prorogation in den gedachten Fällen nicht zu berufen; dieselbe besitzt allerdings keinen Halt. Denn es kann dem Gesetzgeber unmöglich die widersinnige Absicht untergeschoben werden, dass er in einem Falle den Prorogationswillen fingiert wissen wolle, in welchem er ausdrücklich die Prorogation ausschliesst und damit in demselben Moment die Fiktion für unzulässig erklärt. Der Amtsrichter muss sich unter solchen Verhältnissen für unzuständig erklären, nicht weil die Prorogation unmöglich, sondern weil, ohne Rücksicht auf den Prorogationswillen (Prorogationsfiktion) sowie deren Unzulässigkeit, § 467 selbst die Kompetenz der Amtsgerichte verneint. Würde aber der Prorogationswille ausdrücklich erklärt, so müsste das die Unzuständigkeit aussprechende Urteil sich auf § 40 Abs. 2 stützen. Andrerseits wird die Prorogation, folglich auch die Anwendung des § 39 nicht gehemmt, wenn andere vermögensrechtliche Ansprüche als die des § 70 Abs. 2 u. 3 G. V. G. in Frage stehen.

Während der Gerichtsstand der Widerklage bedingt ist durch die Möglichkeit, das Gericht der Klage auch durch Vereinbarung zuständig machen zu können, welche Bedingung in den Fällen des § 70 Abs. 2 u. 3 a. a. O. durch die des Verweisungsantrages ersetzt wird, ist der besondere Gerichtsstand des § 253 in den Fällen des § 40 Abs. 2 und des § 70 a. a. O., soweit er überhaupt zulässig, immer bedingt durch Beantragung des Verweisungsurteils. Dass § 467 nicht in allen dort vorgesehenen Fällen die gleiche Anwendung findet, erklärt sich aus dem Umstande, dass die gedachte Möglichkeit der Vereinbarung Voraussetzung für den Gerichtsstand der Widerklage aber nicht für das Verweisungsurteil ist.

Da nun P. F.-Klagen und Widerklagen zweifellos denselben Bedingungen unterworfen sind, muss der für dieselben gewährte Gerichtsstand als einheitlicher [144] aufgefasst werden, jedoch nicht als Gerichtsstand des Zusammenhangs [145] (Anm. 118). Wenn man ihm einen Namen geben will, dürfte er Gerichtsstand der P. F.-

---

144) Struckmann-Koch S. 212. Bülow S. 169 nehmen eine Trennung vor; dahin zielt auch Loening a. a. O. S. 101 ff. ab.
145) Vgl. Loening a. a. O. S. 101 ff.

2. Die einzelnen Voraussetzungen. d) Gleichheit der Processart.

Klagen zu nennen sein, da er speciell für diese geschaffen ist. Selbstverständlich kann von einer Erweiterung des Gerichtsstandes der Widerklage auf die Ansprüche des § 253, wie in den Motiven zu § 33 geschah, nicht die Rede sein. Ein Gerichtsstand der Widerklage für P. F.-Klagen, wäre eine *contradictio in adiecto*.

Keine der oben angeführten Meinungen trifft also das Richtige; der Wahrheit am nächsten steht die sub β. Der Gerichtsstand des § 253 ist unbedingt versagt, wenn für die P. F.-Widerklage ein ausschliesslicher Gerichtsstand begründet ist. Im Uebrigen ist er bedingt durch das Verweisungsurteil.

d) Gleichheit der Processart.

Im ehemals gemeinen deutschen Processrecht war Anbringung der Widerklage in der gleichen Processart wie die Klage Voraussetzung für die Zulassung der ersteren zum *simultaneus processus*.[146] Die Verweisung zu gesondertem Process hatte aber keinen Einfluss auf die wirksame Geltendmachung des besonderen Gerichtsstandes und hat ihn auch nicht nach der Civilprocessordnung, welche der gleichen Processart als Voraussetzung für die Widerklage blos in Fällen gedenkt, in denen ein Gerichtsstand der Widerklage aus anderen Gründen unmöglich ist. Es fragt sich überhaupt nur, ob in und neben dem ordentlichen Verfahren eine Widerklage im Urkunden- oder Wechselprocess erhoben und verhandelt werden, ferner ob das Arrestverfahren im Wege der Widerklage mit dem ordentlichen Verfahren oder umgekehrt verbunden werden könne. Die sonstigen Processarten sind gar nicht relevant: denn das Mahnverfahren schliesst eine Widerklage begrifflich aus, weil es keine Klage kennt;[147] im Entmündigungsverfahren ist ebenso wie im Urkunden- und Wechselprocess die Widerklage unzulässig (§§ 608. 558);[147] für das Verfahren in Ehesachen[147] ist die Widerklage an

---

146) Planck Mehrheit S. 355. Wetzell System S. 508. 824.

147) Vgl. Loening S. 122. Durch die auf erhobenen Widerspruch erfolgende Ladung des Gegners zur Hauptverhandlung wird die Sache aus dem Mahnverfahren in das ordentliche Verfahren übergeleitet; wenn hier Widerklage erhoben werden darf, so widerlegt das nicht den aufgestellten Satz.

die Bedingung der gleichen Processart geknüpft, wie sich aus §§ 575 u. 587 ergiebt; hier kann der Gerichtsstand der Widerklage nicht praktisch werden, weil die Parteien vor Erlassung eines die Ehe trennenden oder für nichtig erklärenden Urteils als Eheleute denselben Wohnsitz (im technischen Sinne) haben. Im ordentlichen Verfahren muss die Geltendmachung des Gerichtsstandes der Widerklage zu Gunsten einer Entmündigungs- oder Ehesache, von allem Andern abgesehen, an dem für diese Sachen begründeten ausschliesslichen Gerichtsstande (§§ 568. 606. 620. 624. 626) scheitern.

Dagegen scheint es unbedingt zulässig, während des ordentlichen Verfahrens einen Widerklageanspruch im Urkunden- oder Wechselprocess zu verfolgen,[148] denn es handelt sich dabei nur um eine grössere oder geringere Auswahl in den Beweismitteln. Der Grund, den die Mot. zu § 534 des Entw. (§ 558 C. P. O.) anführen: „die notwendig zu erhaltende Einfachheit des Verfahrens" kann hier um so eher als wegfallend erachtet werden, als die fragliche Bestimmung des § 558 zu Gunsten dessen getroffen scheint, der das Verfahren durch eine im Urkunden- oder Wechselprocess erhobene Klage eröffnet hat. Auch der im Urteil über die Widerklage ausgesprochene Vorbehalt der Rechte kann keine Schwierigkeit machen. Denkbar wäre eine gesetzliche Bestimmung, welche den Gerichtsstand der Widerklage wegen des Nachprocesses, der natürlich vor dem gleichen Richter wie das abgekürzte Verfahren zugelassen werden muss, nicht gewährte; der Grund wäre ganz vernünftig; allein die C. P. O. kennt eine derartige Ausnahme nicht.

In der mündlichen Verhandlung über einen Arrestanspruch kann Widerklage erhoben werden und zwar, soferne die Bedingungen des § 33 bezw. § 253 erfüllt sind, zweifellos auch dann, wenn das Arrestgericht für den Widerklageanspruch nicht an sich zuständig ist.[149] Umgekehrt kann der Beklagte in dem gegen ihn anhängigen Verfahren z. B. zu Gunsten eines Widerklageanspruchs Arrestbeschluss gegen den Kläger erwirken oder Antrag d. i. Klage, hier

---

148) A. M. Loening a. a. O. S. 122.
149) Vgl. Loening a. a. O. S. 124.

vielmehr Widerklage auf Aufhebung eines zu seinen Lasten verhängten Arrestes stellen (§ 806 Abs. 2). Die Zuständigkeit des Gerichts der Klage erfährt aber zu Gunsten solcher Incidentanträge des Beklagten keine Erweiterung (§ 707). Keine Ausnahme hievon ist es, wenn für den mit Arrest zu sichernden Anspruch schon vorher oder zugleich Widerklage erhoben ist; dann ist eben das mit der Widerklage befasste Gericht das Gericht der Hauptsache, ohne dass es erheblich wäre, ob die Widerklage im ordentlichen Gerichtsstande des Klägers oder im Gerichtsstande der Widerklage erhoben wurde. Anders verhält es sich, wenn der betreffende Anspruch nur im Wege der Kompensationseinrede geltend gemacht wurde; denn dadurch ist das Gericht der Klage nicht zum Gericht der Hauptsache für den Anspruch geworden, für welchen es keine Zuständigkeit besitzt.

Das Gleiche wie für Arrest und Arrestverfahren gilt von den einstweiligen Verfügungen und dem Verfahren über dieselben (§ 815).

3. Die Geltendmachung des Gerichtsstandes.

Während sich die sachlichen Voraussetzungen der Widerklage mit denen des danach benannten Gerichtsstandes nicht notwendig decken, ist die Frage nach der persönlichen Befugnis, diesen Gerichtsstand in Anspruch zu nehmen, principiell identisch mit der Frage nach dem Rechte zur Erhebung einer Widerklage. Wer dieses Recht hat, darf, einige Ausnahmen abgerechnet, von seinem Processgegner die Unterwerfung unter den Gerichtsstand der Widerklage fordern. Ebenso ist hier und dort die zeitliche Schranke dieselbe, wie auch natürlicherweise der besondere Gerichtsstand durch die nemliche Handlung geltend gemacht wird, welche zur Erhebung der Widerklage dient.

a) Personen.

Nach § 33 C. P. O. kann nur die beklagte Partei diesen Gerichtsstand geltend machen, weil lediglich ihre Gegenansprüche zur Erhebung einer Widerklage berechtigen und nur die Klagspartei kann diesem Gerichtsstande unterworfen werden. Als Kläger erscheint auch der Hauptintervenient und zwar sowohl dem Beklagten als dem ursprünglichen Kläger gegenüber; etwas anders verhält es sich im Falle des § 72; vgl. hierüber Loening a. a. O. S. 75. Die Regel *reconventio reconventionis non datur* gilt [150] selbst in den für das ehemals gemeine Recht behaupteten Ausnahmefällen. [151] Dieser Satz steht dadurch in Beziehung zu dem Gerichtsstande der Widerklage, dass nicht immer im allgemeinen Gerichtsstand geklagt wird; z. B. es ist Klage gestellt im Gerichtsstand des Erfüllungsortes (§ 29), und wird Widerklage erhoben auf Grund einer Kompensationseinrede aus einem Societätsverhältnis zwischen dem Beklagten und dem Kläger; wäre nun eine Widerklage aus dem nemlichen Verhältnis seitens des Klägers gegen den Beklagten zulässig, so würde der Letztere dem Gerichtsstande der Widerklage unterworfen, was nach der Fassung des § 33 unmöglich ist.

Loening a. a. O. S. 36. 79 ff. bezeichnet die Aufstellung des Satzes *reconventio reconventionis non datur* für das Reichscivilprocessrecht als irrig: einmal könne diese Regel nicht aus dem Wortlaute des § 33 abgeleitet werden, ferner habe der Kläger jedenfalls nach § 253 die Befugnis, auch dann noch seinerseits Verhandlung und Entscheidung über ein präjudicielles Rechtsverhältnis zu beantragen, wenn der Beklagte schon vorher Widerklage erhoben hatte; überdies würde der Kläger durch die entgegengesetzte Meinung wesentlich ungünstiger gestellt sein als der Beklagte, da dieser in jedem Momente der mündlichen Verhandlung in der Lage sei, Widerklage zu erheben und so eine Widerklage an die andere zu reihen, „wogegen der zur Widerklage nicht berechtigte Kläger ein für allemal auf den einen in der ersten Klage liegenden Angriff gegen den Beklagten beschränkt wäre."

Vor allem das letztere Argument sieht gefährlicher aus, als es ist. Kläger und Beklagter sind allerdings im Princip gleichgestellt. Oben S. 45 ff. wurde die Ansicht zurückgewiesen, dass der Grund-

---

150) Vgl. Struckmann-Koch S. 23. Endemann II. S. 58. Gaupp I. S. 108 Ziff. IV. Hellmann I. S. 144. Kleiner I. S. 214. Pemsel zu § 33 Ziff. 6. Petersen I. S. 101. Sarwey S. 75. Siebenhaar S. 73. Puchelt I. S. 187.

151) Wetzell System § 63 Anm. 92.

satz der Gleichberechtigung der Parteien hinsichtlich der Widerklage zur Annahme weitergehender Befugnisse des Beklagten führe, als § 33 zu gestatten scheine. Hier muss es als unzulässig behauptet werden, dass auf Grund des nemlichen Princips der Kläger in eine Lage versetzt werde, welche ihn formell dem Beklagten gleichgestellt erscheinen lässt, welche aber materiell eine Verletzung des berührten Grundsatzes bedeuten würde, und überdies mit einer ausdrücklichen Bestimmung der C. P. O. in Widerspruch käme. Wenn nemlich § 232 Abs. 1 sagt:

„Mehrere Ansprüche des Klägers gegen denselben Be„klagten können, auch wenn sie auf verschiedenen Gründen „beruhen, in einer Klage verbunden werden, wenn für „sämmtliche Ansprüche das Processgericht zuständig und „dieselbe Processart zulässig ist";

wenn ferner nach Ansicht der Mot. S. 185 (H. II, 1 S. 257) sowohl, als nach Aeusserungen in den Verhandlungen der J. K. (Prot. S. 78 H. II, 1 S. 586) durch § 232 die objektive Klagenkumulation geregelt werden sollte, so ist eben damit die Frage, ob eine solche successiv zulässig sei oder nicht, für das Reichscivilprocessrecht in verneinendem Sinne entschieden. Die Erhebung einer Widerklage seitens des Klägers wäre aber nichts als successive Kumulation. Das in § 232 liegende Verbot der successiven Kumulation gilt auch für den Beklagten; derselbe hat nur die Möglichkeit nach Erledigung der einen Widerklage eine zweite Widerklage zu stellen u. s. w.; diese Möglichkeit wird sich ihm nicht gerade häufig bieten. Wenn schon desshalb der Vorteil des Beklagten gering erscheinen muss, so wird er noch dadurch abgeschwächt, dass der Kläger, der nachträglich eine weitere Klage gegen denselben Beklagten stellen will, zum Zwecke der Verbindung dieser Sache mit der zuerst anhängigen die Anwendung des § 138 beantragen kann; die Förmlichkeiten der Klagestellung sind ihm dadurch nicht erspart wie es bei der Widerklage der Fall ist; ebenso ist auch der besondere Gerichtsstand zu Gunsten einer solchen nachträglichen Klage nicht gewährt. Der § 253 begründet eine Ausnahme von § 232 und damit von der Unzulässigkeit der *reconventio reconventionis*. Diese Ausnahme ist durch die dort vorausgesetzten besonderen Verhältnisse gerechtfertigt und kann darum nur zur Unterstützung der hier verteidigten Meinung dienen; für den Gerichtsstand der Widerklage aber kommt dieselbe gar nicht in Betracht (vgl. oben S. 78).

Nach der Ansicht Loening's schliesst § 33 allerdings die Befugnis des Klägers zur Erhebung einer Widerklage nicht schlechthin aus, weil das Gesetz dort von der Zulässigkeit der Widerklage selbst ganz absehen soll. Jedenfalls aber schneidet insbesondere die Formulierung des Erfordernisses der Konnexität dem Kläger die Möglichkeit ab, den Gerichtsstand der Widerklage geltend zu machen. Das Gegenteil ist mit dem Inhalte des § 33 unvereinbar. Zuzugeben ist zwar, dass sonst die Bestimmungen des Gesetzes über die „Klage", soweit nicht ausdrücklich etwas Anderes gesagt ist, auch auf die Widerklage mitzubeziehen sind. Dass aber das Gesetz an einem Punkte, wo sich Klage und Widerklage begrifflich gegenübergestellt sind, wie sonst, unter „Klage" auch die „Widerklage" mit verstehe, wird Niemand glauben wollen. Ein Grund dafür, warum dem Kläger zwar die Möglichkeit der Widerklage gegeben, der Gerichtsstand der Widerklage aber versagt sein soll, ist gerade von dem Princip der Gleichberechtigung der Parteien aus, nicht erfindlich.

Dasselbe Recht wie gegenüber dem Kläger hat der Beklagte auch gegenüber den einzelnen als Streitgenossen auftretenden Klägern und jede von mehreren als Streitgenossen beklagten Personen gegenüber der Klagspartei (§ 58).

Die gleiche Befugnis wie dem beklagten Teil selbst kommt für diesen *ipso iure* dessen gesetzlichem Vertreter und Generalbevollmächtigten zu; ebenso auch nach der zweifellosen Intention des § 77 dem Processbevollmächtigten; der Ausdruck freilich ist mangelhaft, denn die Erhebung einer Widerklage ist keine Processhandlung, welche durch eine Widerklage veranlasst wird. Das nemliche wie von dem Processbevollmächtigten gilt unter der Beschränkung des § 86 Abs. 2 auch von dem Beistande.

Etwas zweifelhaft ist dagegen die Berechtigung des Nebenintervenienten, für den Beklagten, welchen er unterstützen will, Widerklage zu erheben. Die C. P. O. § 64 scheint ihn dem Beistand gleichstellen zu wollen.¹⁵² Die Zulassung des Nebenintervenienten ist bedingt durch Glaubhaftmachung seines Interesse an einem der von ihm zu unterstützenden Hauptpartei günstigen Ausgang des Processes; dies dürfte auch für seine Stellung während des Verfahrens massgebend sein. Nur so weit das Interesse des Nebenintervenienten an dem Ausgange des anhängigen Processes reicht, erscheint er befugt, als Vertreter der von ihm zu unterstützenden Partei zu handeln. Interesse auf Seite des Nebenintervenienten an Erhebung einer Widerklage ist anzunehmen, wenn dieselbe einen für die Entscheidung in der Hauptsache präjudiciellen Punkt betrifft. Zu einer Handlung, welche dem anerkannten Zweck der Nebenintervention — Wahrung des eigenen Interesse des Nebenintervenienten durch Unterstützung der Hauptpartei — nicht entspricht, indem sie von der Verhandlung über den anhängen Rechtsstreit abweicht, kann der Nebenintervenient nicht befugt sein.¹⁵³ Da in dem gedachten Falle der Gerichtsstand des § 253 nicht aber jener des § 33 in Frage steht, so liegt hierin eine Ausnahme von dem Satze, das die Befugnis zur Erhebung der Widerklage identisch sei mit dem Rechte auf Geltendmachung des Gerichtsstandes.

Von dem Satze, wonach jeder Kläger dem Gerichtsstande der Widerklage unterworfen sein soll, gibt es drei Ausnahmen, welche sich auf persönliche Verhältnisse des Klägers zurückführen lassen. Hievon ist die eine aus § 5 des E. G. zur C. P. O., die andere aus § 18 G. V. G., die dritte aus dem Völkerrechte abzuleiten.

Soweit die Landesherrn und die Mitglieder landesherrlicher Familien wie z. B. in Bayern¹⁵⁴ bei einem Oberlandesgerichte zu belangen sind, dürfen sie dem Gerichtsstande der Widerklage nicht unterworfen werden, gleichwie sie selbst als Beklagte von keiner

---

152) Vgl. Struckmann-Koch S. 51. Hellmann I. S. 231. Kleiner I S. 339. Petersen z. § 64 Ziff. 4. Mot. S. 87 (H. II, 1 S. 177) Bolgiano Handbch. des R. C. P. Rechts S. 228 c.

153) Vgl. Endemann I. S. 339. 340. Sarwey S. 132 Ziff. 3. Siebenhaar S. 114. 115. Schellings Lehrbuch S. 83. Schultze: Die rechtliche Stellung des sogenannten Nebenintervenienten im Rechtsstreit s. Busch's Zeitschr. II. S. 89. 90. Loening a. a. O. S. 78 verneint vollständig.

154) Kgl. Familienstatut v. 5. August 1819. Tit. X § 1. Bayr. A. G. z. G. V. G. § 36 Ziff. 1. Im Uebrigen vgl. Kleiner I. S. 109 114.

Privatperson die Unterwerfung unter diesen Gerichtstand fordern können; das letztere ist unbestreitbar: daraus folgt die Richtigkeit der ersteren Ausnahme; es wäre doch im höchsten Grade unbillig, wenn der Privilegierte blos den Nachteil seines Privilegs tragen sollte.[155] Diese Ausnahme gilt natürlich nicht, wenn beide Parteien ihren Gerichtsstand bei einem Oberlandesgerichte haben.

Ueber die Anwendung des § 33 auf die im § 18 G. V. G. bezeichneten Personen sind in den Kommentaren folgende Meinungen vertreten:

α) Endemann I S. 241. 242 behauptet in seinen Vorbemerkungen über den Gerichtstand, derselbe könne sich für die Exterritorialen mit Vorbehalt des § 20 G. V. G. nur nach dem Rechte des Staates bestimmen, dem sie angehören. Wenn also das im Heimatsstaate der exterritorialen Person geltende Processrecht zulässt, dass diese im Auslande der dortigen Gerichtsbarkeit unterworfen werde, so müssen sie dort auch Rechtes pflegen. Diese Regel steht nicht nur im Widerspruch mit § 18 a. a. O. sondern auch mit dem nicht beweisbedürftigen allgemeinen Grundsatze, wonach für die Ausdehnung der inländischen Gerichtsbarkeit nur das Recht des Inlandes bestimmend sein kann; dabei ist dasselbe allerdings auch an gewisse Principien des Völkerrechts, nicht aber an das Recht eines fremden Staates gebunden.

β) Wilmowski-Levy S. 674. Gaupp I. S. 117. Kleiner I. S. 217, 218 erklären den Gerichtsstand der Widerklage als auch auf exterritoriale Personen anwendbar und zwar Kleiner mit der Begründung: „weil derselbe nur durch besondere gesetzliche Bestimmungen ausgeschlossen werde und solche nicht bestehen"; als ob § 18 in Verbindung mit § 20 G. V. G. keine gesetzliche Bestimmung wäre, welche hier Bedeutung hätte. Trotz des inneren Zusammenhangs zwischen C. P. O. und G. V. G. erscheint doch das letztere als allein massgebend dafür, welche Ausnahmen von dem Princip des § 18 a. a. O. gemacht werden dürfen. Der Hauptzweck dieses Rechtssatzes ist **nicht Regulierung der örtlichen Zuständigkeit, des Gerichtsstandes, sondern Begrenzung**

---

155) Vgl. Looning a. a. O. S. 71. 72. u. hier Anm. 79. A. M. Kleiner I. S. 217.

3. Die Geltendmachung des Gerichtsstandes. a) Personen. 87

der deutschen Gerichtsbarkeit, der Gerichtsgewalt, deren Resultat nicht durch die C. P. O. geändert werden kann, denn das G. V. G. bildet den Rahmen für Anwendung dieser; die letztere wird also durch das erstere, § 33 durch § 18 beschränkt und nicht umgekehrt. Das Gerichtsverfassungsgesetz aber kennt nur eine Ausnahme von § 18: die des § 20 nemlich, welcher für die Exterritorialen im deutschen Reiche den *landsassiatus minus plenus* begründet.

γ) Hellmann I. S. 71. 72 erkennt auf Grund des 18 G. V. G. an, dass gegen Exterritoriale weder ein allgemeiner noch ein besonderer Gerichtsstand im deutschen Reiche begründet sei; ebenso Bülow zu § 20 G. V. G. Keller verweist S. 34 auf die Protokolle der J. K. S. 148 (H. I, S. 427) und meint wohl dasselbe wie Hellmann und Bülow, indem er sagt: „durch Abs. 2. sind auch die besonderen Gerichtsstände mit Ausnahme des ausschliesslichen dinglichen ausgeschlossen." In der 98. Sitzung (1. Lesung) fragte nemlich Abg. Bähr ob durch Abs. 2 des § 6 (§ 18 des Ges.) auch die Spezialfora ausgeschlossen seien. Der Vorsitzende, v. Amsberg, bejahte dies unter Verweisung auf § 6 Abs. 1 und § 8 (§ 20 des Ges.) und bemerkte „dass nur in Bezug auf den dinglichen Gerichtsstand die in § 8 ausdrücklich statuierte Ausnahme bestehe." Mit dieser Auslegung stimmt der Inhalt des Gesetzes überein.[156]

Dagegen kommt nicht in Betracht, dass man bei Anwendung der völkerrechtlichen Grundsätze auf § 33 gerade zu der entgegengesetzten Entscheidung gelangen müsste. Nach § 33 Abs. 2 ist Voraussetzung für die Geltendmachung des Gerichtsstandes der Widerklage, dass das Gericht der Klage für den Gegenanspruch durch Vereinbarung zuständig gemacht werden könne. Es fragt sich hienach, ob das Völkerrecht den Exterritorialen gestattet, auf den heimatlichen Gerichtsstand zu verzichten und ein *forum* zu prorogieren, von welchem sie im gegenseitigen öffentlichen Interesse der Staaten befreit sind. Das Völkerrecht macht die Giltigkeit des Verzichts von der Genehmigung des Souverains abhängig, an dessen

---

156) Looning a. a. O. Anm. 86 glaubt, dass aus § 20 ein Argument für diese Ansicht entnommen werden könne, meint aber die Frage werde ihre Lösung nur durch die Praxis finden können.

Vertretung der Exterritoriale Teil nimmt.[157] Gleichviel in welcher Ausdehnung man diese Genehmigung fordert, die Möglichkeit des Verzichts ist anerkannt; die Voraussetzung des § 33 Abs. 2 wäre also erfüllt; auch Exterritoriale könnten in Deutschland dem Gerichtsstand der Widerklage unterworfen werden, wenn nicht § 18 G. V. G. es hinderte. Derselbe kann nur durch wahre und giltige Vereinbarung ausser Wirksamkeit gesetzt werden. Kommt die Vereinbarung bezüglich einer Widerklage giltig zu Stande, so unterwirft der Exterritoriale sich hiewegen dem sogenannten gewillkürten Gerichtsstande; ein neuer Beweis dafür, dass ein an sich unzuständiges Gericht der Klage für die Widerklage auch auf anderem Wege als dem des § 33 zuständig werden kann.

Selbstverständlich erstreckt sich die Befreiung der Exterritorialen nicht über die Grenzen desjenigen Staates hinaus, in welchem die Person einer Gesandtschaft angehört.

Nach §§ 14 und 15 des R. G. über die Konsulargerichtsbarkeit vom 10. Juli 1879 finden die Bestimmungen der C. P. O. Anwendung auf bürgerliche Rechtsstreitigkeiten, für deren Entscheidung der Konsul als Einzelrichter oder ein Konsulargericht zuständig ist. In dieser Richtung wird man den Satz aufstellen dürfen, dass nur solche Personen dem Gerichtsstande der Widerklage unterworfen werden können, die überhaupt als Beklagte von der Gerichtsbarkeit des orientalischen Souverains eximiert sind, also nicht die eigenen Unterthanen des Letzteren, d. h. diejenigen, welche weder die Staatsangehörigkeit noch den Schutz eines Staates geniessen, der durch seinen Konsul Gerichtsbarkeit übt oder üben dürfte.[158] Für diese Personen ist das völkerrechtliche Privilegium nicht geschaffen.

---

157) Vgl. Bynkershoek: de Foro legatorum c. 23. Heffter: das europäische Völkerrecht der Gegenwart (1873) S. 92 Anm. 1. v. Holtzendorffs Encyklopädie d. R. (3. Auflage.) IV, 7 § 47 a. E.

158) Vgl. das angeführte R. G. § 1. Freundschafts-Handels- u. Schiffartsvertrag zwischen dem deutschen Reich und Persien v. 11. Juni 1873 Art. 13. Freundschaftsvertr. zwischen dem Deutschen Reich u. Samoa v. 24. Juni 1879 Art. VII. Vertrag mit Japan v. 20. Februar 1869 Art. 5 Preuss. Vertrag mit der Ottomanischen Pforte v. 20. März 1862 Art. I. bezw. 22. März 1761 Art. V. s. Staudinger Sammlung von Staatsverträgen des deutschen Reichs über Gegenstände der Rechtspflege S. 346 ff. 381 ff. 390 ff. 446 ff.

b) Zeit der Geltendmachung.

Die Geltendmachung des Gerichtsstandes der Widerklage ist so lange verfrüht, als der Beklagte die Zuständigkeit des in der Klage angegangenen Gerichts bestreitet; denn bis zur Entscheidung über diese Processvoraussetzung ist nicht gewiss, welches das Gericht der Klage sei. Blos eventuell kann die Unterwerfung unter den Gerichtsstand der Widerklage natürlich jetzt schon gefordert werden.[159]

Die Widerklage kann „bis zum Schlusse derjenigen mündlichen Verhandlung, auf welche das Urteil ergeht", auch dann mit Wirksamkeit erhoben werden, „wenn das Gericht die Ueberzeugung gewinnt, dass der Beklagte in der Absicht, den Process zu verschleppen, oder aus grober Fahrlässigkeit" sein Angriffsmittel nicht früher benutzt hat (§ 251).[160]

Die Unterwerfung unter den Gerichtsstand der Widerklage kann auch in dem gemäss § 563 auf den Urkunden- oder Wechselprocess folgenden Verfahren verlangt werden, da das mit Vorbehalt der Rechte ergehende Urteil nur ein Zwischenurteil ist. Der Process bleibt in erster Instanz anhängig und bildet mit dem vorausgegangenen abgekürzten Verfahren eine Einheit. Die Erhebung der Widerklage muss in dem Nachprocess um so mehr gestattet sein, als sie vorher ausgeschlossen war und über die Streitsache eine neue selbständige Verhandlung gepflogen wird.

Die Art der Kompetenzbestimmung, wobei auch die Ausschliesslichkeit des Gerichtsstandes zu beachten ist, lässt das Wiederaufnahmeverfahren als eine, wenngleich durch erneute Klagestellung angeregte, Fortsetzung des Verfahrens erscheinen. Insoferne gehört hieher der Satz, dass nach § 548 sogar im Wiederaufnahmeverfahren, vorausgesetzt, dass es bei dem Gerichte erster Instanz eingeleitet ist, Widerklage erhoben werden kann.[161] Der

---

159) Loening a. a. O. S. 134 nr. 3.
160) Anders, wenn die Widerklage auf den Zusammenhang mit einem als verspätet zurückgewiesenen Verteidigungsmittel gestützt wird; vgl. S. 52 ff. Ueber die besonderen Bestimmungen für das vorbereitende schriftliche Verfahren vgl. Loening a. a. O. S. 129.
161) Loening a. a. O. Anm. 163.

besondere Gerichtsstand wird aber nur dann praktisch werden, wenn entweder der ehemalige Kläger auch Restitutions- oder Nichtigkeitskläger ist oder wenn der ehemalige Beklagte bei dem angegangenen Gericht z. Z. keinen für den Widerklageanspruch geeigneten Gerichtsstand besitzt.

In jeder höheren Instanz ist dagegen das Vorbringen einer neuen Widerklage ausgeschlossen [162] (§§ 491. 524). Wenn Endemann II. S. 419 die Zulässigkeit jeder neuen Widerklage — auch in der Berufungsinstanz — behauptet, weil § 491 neue Angriffsmittel zulasse und zu diesen nach § 251 Abs. 1 auch Widerklagen gehören, so setzt er sich damit in offenbaren Widerspruch mit dem Wortlaut des § 491 Abs. 2, wonach Angriffsmittel ausgeschlossen sind, wenn sie einen neuen Anspruch verfolgen, der sich weder unter § 240 Ziff. 2 u. 3 subsumieren lässt, noch zur Kompensation dienen soll. Gegenüber Bülow, welcher wenigstens neue P. F.-Widerklagen für zulässig hält, ist daran zu erinnern, dass auch die Feststellungsansprüche civilrechtliche Ansprüche [163] sind und § 491 jede Ausnahme unmöglich macht.

Die Erledigung der Hauptklage vor der Widerklage sowie die Trennung des Verfahrens über beide Klagen vermögen keinen Einfluss auf die Fortdauer des Gerichtsstandes zu üben, [164] weil die einmal eingetretene Rechtshängigkeit nur durch Erledigung der Sache selbst wieder beseitigt wird: *ubi semel est coeptum iudicium, ibi et finem accipere debet*. Ebensowenig ist die mehrfache Geltendmachung des Gerichtsstandes in demselben Verfahren, sei es durch Häufung von Widerklageansprüchen oder successiv nach Erledigung der einen Widerklage unstatthaft.

---

162) Bülow S. 335. Enderlein S. 169. Gaupp II. S. 515. Pemsel zu § 491 Ziff. 6 Peterson II. S. 346. Sarwey S. 674. Seuffert S. 33. 557. Struckmann-Koch S. 414. Uebel II. S. 16. Looning a. a. O. S. 127.
163) Mot. S. 183 (H. II, 1 S. 255).
164) Looning a. a. O. S. 40.

Schlussbemerkung.

Das dem Gerichtsstande der Widerklage zu Grunde liegende gesetzgeberische Motiv kann zu allen Zeiten auf die Billigkeit zurückgeführt werden. Im Uebrigen aber scheiden sich nicht nur römisches und deutsches Recht scharf von einander, sondern auch das wesentlich auf römischem Rechte aufgebaute kanonische System ist gerade in Sachen dieses Gerichtsstandes mit jenem nicht den gleichen Weg gegangen; im Princip aber steht es dem römischen nahe, dem germanischen ferne.

Die Civilprocessordnung für das Deutsche Reich hat sich in Bezug auf den Gerichtsstand der Widerklage mehr an das römische Recht vor *Nov. 96* angeschlossen und die Mitte zwischen den schroffen Gegensätzen gesucht, welche in den beiden grundlegenden Gesetzen Justinians hervorgetreten waren. Durch das Erfordernis des Zusammenhangs hat der Gerichtsstand ebenso wie durch die Bedingung des § 33 Abs. 2 der Billigkeit entsprechende Schranken erhalten. Daneben wurde für gewisse Widerklagen, deren Zweck eine grössere Freiheit zu erheischen schien, ein besonderer Gerichtsstand gewährt, so dass der Satz *actor forum rei sequitur* nunmehr zwei Ausnahmen erleidet: durch den Gerichtsstand der Widerklage und durch den teilweise verwandten der P. F. Klagen. Dieser bricht mit der letztgenannten Bedingung, soweit es passend erscheint, und bildet somit in der Entwicklung des *ius strictum* zum *ius aequum* wieder eine Stufe höher; denn ihm gegenüber stellt sich die fragliche Bedingung als *ius strictum* dar, welches unter den im § 253 gedachten Verhältnissen der Billigkeit weichen muss.

Dasselbe Ziel, die Fortbildung des *ius strictum* zum *ius aequum* verfolgt auch, wenngleich weniger bewusst, die den Gerichtsstand der Widerklage betreffende Neuerung der Strafprocessordnung für das Deutsche Reich (s. oben bei Anm. 16. 17). Dieselbe scheint zwar zunächst praktischen Erwägungen entsprungen zu sein, welche erkannten, dass die zweimalige Auseinandersetzung der nemlichen Privatverhältnisse vor verschiedenen Strafgerichten als Aergernis erregend und darum dem öffentlichen Interesse widersprechend nach

Möglichkeit zu vermeiden sei. Allein jedes wahrhaft praktischen Bedürfnissen genügende Rechtsinstitut befriedigt zugleich Forderungen der Billigkeit und eine solche ist das Gebot: dem Unterthanen soll die Wahrung seiner Rechte auch im Strafverfahren thunlichst erleichtert werden.

So lässt uns die Geschichte des Gerichtsstandes der Widerklage deutlich als ein Grundgesetz der allgemeinen Rechtsbildung den Satz erkennen: Je mehr sich die einer rechtlichen Ordnung bedürftigen Lebensverhältnisse entwickeln, um so weniger bequemen sie sich der Schablone des strengen Rechtes an und um so mehr muss dieses dem billigen Rechte weichen.

Berichtigungen.

Auf Seite 2 Zeile 13 v. oben lies: „zur" statt „zu"
„ „ 10 vorletzte Zeile lies: „beziehen hat" statt „beziehen ist"
„ „ 22 Zeile 7 v. unten lies: „cit." statt „cito"
„ „ 24 „ 10 der Anm. 61 lies: „collatio" statt „collativ"
„ „ 26 „ 2 der Anm. 68 lies: „aevi" statt „crevi"
„ „ 31 „ 8 der Anm. 80 lies: „iudicium" statt „indicium"
„ „ 36 „ 1 v. oben lies: „den" statt „dem"
„ „ 38 „ 10 v. unten ist das zweite „und" wegzulassen
„ „ 40 „ 10 v. unten lies: „letzterer" statt „letztere"
„ „ 43 „ 7 v. unten lies: „müsste" statt „müssen"
„ „ 55 Anm. 116 lies: „Puchelt" statt „Peuchelt"
„ „ 56 Zeile 5 v. oben lies: „demselben" statt „denselben"
„ „ 59 „ 10 u. 11 v. unten lies: „amtsgerichtlichen" statt „amtsgerichlichen"
„ „ 62 „ 12 v. oben lies: „Anfangs" statt „Anfange"
„ „ 69 „ 9 v. unten lies: „Schlusse" statt „Schluss"
„ „ 70 Anm. 159 lies: „Busch's" statt „Buchs"
„ „ 71 Zeile 9 v. oben lies: „rechtshängig" statt „rechthängig".